//// 自治体議会政策学会叢書 ////

自治体議員の新しいアイデンティティ

―持続可能な政治と社会的共通資本としての自治体議会―

住沢 博紀 著
（日本女子大学教授）

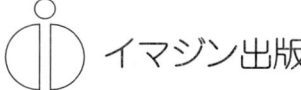
イマジン出版

目　　次

1　職業としての自治体議会議員の危機？
　1-1　自治体議員の新しいアイデンティティに向けて …………… 5
　1-2　代議制民主主義は生き延びることができるか ……………… 7
　1-3　職業としての政治家の危機 …………………………………… 8
　1-4　「民間にできることは民間に」―規制緩和と民業促進 …… 10
　1-5　「市民にできることは市民に」―市民自治 ………………… 13

2　市民自治と議員定数削減の問題 …………………………………… 17
　2-1　分権のラディカルな意味 ……………………………………… 17
　2-2　議会の議員定数削減の現状 …………………………………… 19
　2-3　議員削減の問題点 ……………………………………………… 21
　2-4　自治体議会への挑戦―オンブズマン ………………………… 22
　2-5　政治メディアとしてのインターネットの可能性 …………… 24
　2-6　分権を徹底すれば―デンマークの例 ………………………… 25
　2-7　ゼミ参加者の質問から ………………………………………… 31

3　持続可能な政治 ……………………………………………………… 33
　3-1　「持続可能な」という言葉の意味 …………………………… 33
　3-2　ドイツ緑の党の体験 …………………………………………… 34
　3-3　狂牛病と農林省統廃合 ………………………………………… 37
　3-4　持続可能な政治への関心の広がり …………………………… 39
　3-5　U・ベック『危険社会』論 …………………………………… 41

4　現実の政治＝持続不可能な政治 …………………………………… 43
　4-1　民主主義の困難 ………………………………………………… 43
　4-2　メディア民主主義 ……………………………………………… 44
　4-3　20世紀型の議会・議員・政党観の克服 ……………………… 45
　4-4　再度、アメリカ・イギリスの例 ……………………………… 47
　4-5　二つのレベルの民主主義 ……………………………………… 48

4-6	マーケティング政治の限界	49
4-7	錯綜したニーズ	50
4-8	ニーズに合わせる政治は持続可能ではない	51
4-9	環境問題から始まったが	53
4-10	価値保守主義と構造保守主義	54

5 共生契約に向けた政治 …………………………………… 56
- 5-1 共生契約 …………………………………… 56
- 5-2 共生契約の事例 …………………………………… 58
- 5-3 制度化：「社会的共通資本」の考え …………………………………… 59
- 5-4 社会的共通資本としての自治体議会 …………………………………… 61
- 5-5 松下教授の市民自治論に見る自治体議会への「低い評価」 …… 61
- 5-6 変化する政党、議員の役割・組織 …………………………………… 63
- 5-7 自治体議会の進化のために …………………………………… 64

6 地域政党化という改革戦略 …………………………………… 66
- 6-1 自治体議会の会派構成―政令指定都市― …………………………………… 66
- 6-2 市議会会派の分類（1995-97を例に） …………………………………… 68
- 6-3 政党間競争と制度間競争 …………………………………… 70
- 6-4 政党を代替する市民シンクタンク機構 …………………………………… 71
- 6-5 21世紀型の組織論の意義 …………………………………… 72
- 6-6 地域政党を実現すると――二重党籍問題 …………………………………… 74
- 6-7 政党概念の変容 …………………………………… 74
- 6-8 地域政党の類型 …………………………………… 75
- 6-9 地域政党の理念 …………………………………… 77
- 6-10 地域政党と女性議員の役割 …………………………………… 80
- 6-11 G女性市議の例 …………………………………… 81
- 6-12 1999年統一地方選における女性の進出 …………………………………… 82
- 6-13 自治体議員の新しいアイデンティティのために …………………………………… 85

著者紹介 …………………………………… 86

コパ・ブックス発刊にあたって…自治体議会政策学会　竹下　譲 ……… 88

 職業としての自治体議会議員の危機？

　この講座は、自治体議員と研究者の協働を目的とする自治体政策講座のゼミナールですので、普通の講演会とは違っていると私は思っています。つまり自治体議員との討議でありゼミナールですから、なるべく私の方も、講演会風の完成された話ではなくて、いわば現在まだ考えている最中の、そういう生の素材を提供して皆さんとお話しをしたいと思います。今回の参加者は全員が地方議員ですが、自治体議会政策学会は、現職の議員の方だけではなく、議会事務局の職員、議員をめざす人、議員と共に活動している人、そのテーマの専門家など、さまざまな人々の地域を越えたフォーラムの場を創り出そうと考えています。

1-1　自治体議員の新しいアイデンティティに向けて

　この講座の講師の方は、行政学、行政法、自治体財政、政策評価など自治体政策の専門家が多く、皆さんもそうした期待をもって参加されていると思います。私は、政治学、しかもヨーロッパ現代政治を専門とする政治学者ですが、日本では、市民の立場からの政治改革を論じたりしています。そこで今日は、多少ともテーマや視点を変えて、「自治体議員の新しいアイデンティティ」について論じたいと思います。

　というのも、90年代からの政治改革をみていますと、政策論の重要性もさることながら、政治や政治家の日本社会で占める場所や役割が不明になり、ましてやその集

団である政党が存立根拠を失っていることの方が、現在のもっと緊急の課題だと思います。それは政治家にとっては　－国会議員であれ、自治体議員であれ－　自らのアイデンティティを失いつつあるということだと思うわけです。一言でいえば、職業としての政治家の危機です。

　もちろん自治体議員の場合は、職業的な、プロフェショナルな立場よりも、普通の市民感覚で自治体の執行部に対応したほうがいいという意見もあります。それも一つの考えですが、現に2期、3期と経験をつんでいく議員が多い以上、人間の本性として、学習する機会や経験を経るほど、やはりプロとしての自覚を持つだろうし、また持たざるを得ないと思うのです。

　したがってここのところをもう1度再確認していかないと、自分自身に対しても、あるいは市民に対しても確実なことは言えないという時代が来ているのではないかと、いう感じがするのです。もちろん危機ばかりを議論するのではなく、できれば「新しいアイデンティティ」というポジティブな像も提起したいのですが、それが新しい提起になっているかどうかは、みなさんとの議論の中で確認したいと思います。とりあえず「**地域政党（ローカル・パーティ）**」、「**社会的共通資本としての自治体議会**」、「**持続可能な政治**」などをキーワードとして、新しいアイデンティティを根拠付けしていきたいと思っています。

　さしあたって、「**自治体議員とは、社会的共通資本である自治体議会を地域政党の一員として活用し、公共空間を市民・行政とともに創造する、クリエーターである**」と、規定しておきたいと思います。

1-2 代議制民主主義は生き延びることができるか

　このように今回は、自治体議会、自治体議員の存在そのものをストレートに考えてみたいと思います。要するに何を言いたいかといいますと、90年代が日本経済に関して「失われた10年」といわれるように、政治改革で始まった90年代の日本政治も、新しい改革の実績を示すことなく、むしろ逆に政党不信、政治家不信を深めて21世紀を迎えているわけです。国民に飽きられただけではなく、呆れられている永田町や霞ヶ関の住民である政治家や官僚、政党相乗りで市民から選択肢を奪って多選を重ねる知事、平均で50％台、都市部では30％台で定着しつつある多くの首長、自治体議会選挙の投票率など、あらゆるレベルの議会・政治家をめぐる市民の関心と評価は、低くなってきています。

　例外は小泉首相や田中長野県知事のような「メディア社会型政治家」です。もちろん二人の掲げる政策や市民に対するスタンスは対極にあるといってもいいですが、議会の多数派をなす政党や実力派の政治家を「守旧派対抗勢力」として批判し、官僚組織や行政機構とぶつかるほど評価されるという時代の流れにいます。しかしそうであればあるだけ、国政から自治体まで含めそもそも政治とは、政治家とはいったい何だろうか、それがなぜ必要とされるのだろうか、そういう所までさかのぼって議論する必要があるように思います。

　最近の例でいうと、2001年10月21日の川崎市の市長選挙が挙げられます。4期目をめざす高橋市長、自治省出身で大学教授の阿部孝夫氏、市民オンブズマン代表で税理士の奥田久仁夫氏、情報公開運動をすすめてきた奥津茂樹氏など5人が立候補しました。偶然ですが、阿部教

授とは総合研究開発機構（NIRA）の「次の時代を担う日本の新しい組織とグループ」という研究プロジェクトで共にメンバーとなり、奥津氏はかって地域政党「東京市民21」の情報公開に関する市民講座に講師としてきていただいた経過があります。高橋市長も、「市民連合・かわさき」の設立時などさまざまな折にお会いする機会がありました。奥田氏もふくめてそれぞれが異なる政治的な背景と自らの政策や見識を持っており、その意味では市民の選択肢は豊富に存在したと思うのですが、阿部新市長が誕生したこととは別に、投票率が結局は36.76％に留まったことが印象的でした。自民党、民主党など政党側は支持をめぐってそれぞれが何重にも内部でねじれ状態に陥ったこともふくめて、これまでの政治システムそのものが機能しなくなってきていることを感じさせる選挙でした。

　こうしたことから、21世紀の自治体議員の役割は、持続可能な政治システムを創り出す事である、といってもいいと思います。持続可能であるためには、逆説的ですが、今あるものを維持しようとする守旧派ではなく、今あるものを時代に合ったものに変えなくてはなりません。この意味では、持続可能な政治とは、不断の改革を指向する、しかも実現可能な改革を指向する、つまりリアリティーをもつ改革政治に他なりません。

1-3　職業としての政治家の危機

　政治学では古典ともいえる『職業としての政治』（1919年の講演）において、ドイツの社会学者M.ウェーバーは、政治的に未熟なドイツ人を批判しつつ、心情倫理ではなく冷静に結果責任を担うことを常に自覚して、しか

し政治への情熱を失うことのない「職業＝天職としての政治家」について語りました。21世紀が始まった現在、私たちはなおもこのような「職業としての政治家」について語ることができるでしょうか。

　自治体議員の側からは、2つの矛盾したことがいえるかもしれません。

　第一に、こうしたゼミナールに参加された皆さんのように、身銭を切ってでも自分の政策能力を高めたい、あるいは自分の所属する政党や自治体議会をこえた、幅広いネットワークをつくりたい、という自治体議員も多いかと思います。おそらく過去20〜30年間、自治体行政が力をつけてきたように、議員のほうでも福祉・環境・社会教育・街づくり・情報公開と市民参加などの領域で自分の管轄とする領域を作り、全体として政策づくりへのパワーアップがあったと思います。ここでは自治体議員としてやらなければならない課題が数多くあることを自覚しこそすれ、自分のポジションに対する疑問はあまりないのではないかと思います。

　また、そもそも「職業としての自治体議員」という自覚がない議員が多いことこそ真の問題だ、という人も多いと思います。このゼミナールに参加された自治体議員たちは、同僚議員のかなりの人が、町内会の支持のもと政治家としての自覚がないままに議員を続ける人、土建業など業界の利益のために議員になっている人などの例に、こと欠かないかとおもいます。

　しかし第二に、こうしたプロフェショナルとしての地方議員という誇りとは裏腹に、議員としての自分と市民との距離（「バッチをつけた人」）、あるいは市民の本音の評価を聞かされ、慄然とするときもあるのではないかと思います。議員は支持者を顧客（クライエント）と考

え、市民の側では議員を利用するという関係だけで満足できる人は少ないと思います。

　もちろん、それが現実だと割り切ることもできるわけですが、こうした現実を肯定しつつ、しかし一抹のさびしさを覚えるというところが真実ではないでしょうか。というのは、公共性や共同の利益のためにという要素が、どんなわずかであっても残されていることが政治の本質の一つをなすわけですし（同時に権力＝他者への影響力と卓越＝他者よりも優れていることという要素ももう一つの本質ですが）、大部分の議員も、政治を志した当初はそうした意識であったといえます。

　しかし現代は、何が公共性であり何が共同の利益であるか、ということがますます曖昧になる時代であり、議員の理解することと市民の側で理解することがズレてきているといえます。この背景には、民営化という市場と効率性を重視する流れと、市民参加という参加型民主主義をめぐる問題の二つが重なっています。とりわけ、90年代の日本では、旧大蔵省の接待漬け、外務省の機密費着服、警察庁の隠蔽工作などの中枢腐敗から、知事・県議会・市長・市議会幹部などのゼネコン・入札業者との癒着まで、公益がほとんど官益や私益と同じレベルまで堕ちてしまったこともあり、より複雑な事態となっています。

　そのため、この公共性や共同の利益をめぐる最近の議論や理解は、非常に混乱したものになっています。これを解きほぐすことから話を始めなければなりません。

1-4 「民間にできることは民間に」
－規制緩和と民業促進

　この公共性や共同の利益をめぐる最近の議論や理解

は、非常にややこしいものになっています。

　今の小泉政権が典型ですが、「民間にできるものは民間に」（民業化、規制緩和、市場化）という主張が大きな力をもっています。この政府から市場へのシフトは、1980年代のサッチャー・レーガン政権の時代から世界的な流れとなっており、小泉政権の主張は確実に2週遅れであるといえます。しかし日本では過去20年間、こうした「構造改革」があまり進展しなかった分だけ、市場原理主義的な主張や政策が、マスメディアやオピニオン・リーダーに大きな影響を与えています。さらに奇妙なことに、2週遅れで主張することが、「日本は世界のスタンダードから大きく遅れている」という主張の根拠とされ、内容を検討することなく、誰もがこうした合唱に加わっています。そこでは公共サービスの意義や改革の可能性がほとんど議論されずに、民業化や市場に委ねれば全てが解決するかのような言説がまかりとおっているわけです。

　しかし考えてみれば、80年代後半のバブル経済を導いた「政府の失敗」はあるものの、その当事者は、大銀行と不動産業者・ゼネコンであり、彼らが市場原理と資本の論理を徹底して追及した結果、不良債権を累積させたわけです。ここでは「市場の失敗」は明らかです。おそらく1995年の住専問題への6850億円の公的資金投入がその分岐点になったと思います。その背景にある金融機関や企業経営者の責任を徹底して追及することなく、住宅金融債権管理機構（当時）の中坊公平さんの正義感と成果に転化してしまった、日本の政治・行政・企業そしてマスメディアの問題がここに凝縮されています。それは90年代の日本で、中坊さんや、「さわやか福祉財団」を設立した堀田力さんなどを例外として、日本のエリート

層では「公共性」がほとんど死に瀕していたことを示しています。しかもそうした意識を、半ばあきらめの気持ちとともに、多くの日本人が抱くようになったことこそ、90年代の最大の問題であるといえるでしょう。

　私が勤務する大学は、家政経済学科といって、経済学を生活の視点から捉えようというユニークな学科です。しかしここ数年の学生の卒業論文は、年金や高齢者介護などをテーマとしても、公的年金ではなく個人年金や確定拠出型の企業年金の可能性、介護の公共サービス網の充実ではなく民間企業の参入への期待など、非常に個人主義的かつ市場主義的な発想になってきています。ヨーロッパで議論される場合のように、公共サービスと市場を比較するというのでもなく（したがってヨーロッパでは混合システムが現在も有効）、公共サービスの存在をほとんど忘れているといっていいでしょう。しかも日本の現実は、公共サービス（行政サービスといった方がいいかもしれませんが）の役割は依然として大きいのですから、こうした現実と思考の乖離とはとりもなおさず、リアリティーの感覚の欠如を表しているといってもいいでしょう。

　もちろん、庶民としての日本人は行政が提供するサービスを享受する事に関しては、明確なリアリティーをもっています。だからこそ自治体議員もさまざまな仲介や斡旋を期待されるわけです。しかしそれが「公共サービス」として普遍的に把握されているどうかは別問題です。おそらく、「民間でできることは民間に任せる」ことが進んでも、行政機構は簡単には縮小しないで、公社、第三セクター、民業化など形を変え存続するはずです。しかもこうした形で「公共サービス」が変容していくなら、行政や官僚組織は「焼け太り」になっても、政治の領域

は着実に縮小していくでしょう。その結果として、自治体議員や「職業としての政治家」の基盤は狭く弱くなる筈です。

1-5 「市民にできることは市民に」－市民自治

　次に、「市民にできることは市民に任せる」という市民自治の考えも大きな力を持ってきています。上に述べた民営化とこの市民自治は、本来はまったく異なる理念と政策課題をもったものですが、日本では「官権国家」批判ということで融合してしまいました。これが「小泉幻想」のひとつの根拠になっています。また90年代には、相乗り多選知事に対して、市民派（田中長野県知事、堂本千葉県知事）や、改革派（浅野宮城県知事、北川三重県知事）からポピュリスト（人気投票型－青島前都知事、横山前大阪府知事、石原都知事）まで、同じ政治背景のもとに新しいタイプの知事が誕生しています。ここでも行政改革・民業化と市民自治が市民を惹きつけるセットになっていますが、その基本政策や成果は必ずしも明確ではありません。しかし市民自治を徹底して考えれば、のちにデンマークの例で述べるように、行政や議会の管轄領域のかなりの部分が失われる、あるいは違った形で組織されることになります。

　行政が直接、市民に向かい合うことは自治体議員のこれまでの仕事と密接に関係しており、日々の活動や選挙運動に大きな影響を与えています。

　まず第一に、「もはやない」という否定の形で問題があらわれます。これまでの地元や特定団体への利益誘導型の議員はもちろんこれからも存在しますが、その比重は低下していき、二次的な役割を演ずるものという地位

になると思われます。また公明党、共産党を中心とした政党所属議員で、福祉などの領域で市民のさまざまな要求を代弁してきた議員も、その役割は減少します。行政サービスがお役所意識や官の意識で行われていた時代は、こうした議員の活動は意義がありましたが、都市の社会的基盤が整備され、行政サービスが市民への効率的なサービスとして（「市民へのサービスセンターとしての市役所」）理解されるにつれ、こうした議員活動への関心は減りつつあります。

　表1は、1969年から2000年までの、全国市議会議員の所属政党別人員調査です。70年代の高度成長期直後まで、この2党は自治体議会で成長を続けました。80年代に入り、最初は公明党、ついで共産党が明らかに停滞期に移りつつあります（社会党の事実上の解体により、共産党はかっての革新派の票を上乗せしていますが、それがごく一部に留まっていること自体、こうした政党化の終わりを示しています）。この両党の停滞こそ、自治体議会の政党化という道が手詰まり状態に陥っていることを示しています。

　しかし第二に、市民自治は「まだない」ということが挙げられます。表1では、市民活動に立脚する市民派議員や女性を中心とした生活者ネットワークなどの「（市民・生活者の）代理人運動」が諸派として（一部は無所属）記録されています。今、こうしたグループや新しい運動を地域政党（地域政党）と呼ぶとしますと、90年代に入って、大都市圏を中心に増加したとはいえ、1989年の46人が2000年には240人になったことで5倍近い伸びですが、絶対数ではまだ少ない人数です。この意味では、自治体議会も自民党、民主党、公明党、共産党、社民党など国政政党（これをナショナル・パーティと呼んでお

表1　全国市議会議員の所属政党別人員調査（1969・12〜2000・12）

	自民党	新進党	民主党	社会党/社民党	共産党	公明党	民社党	自由ク	社民連	日本新/さきがけ	諸派	無所属
1969・12	3,479			1,859	650	1,202	473				51	10,052
1972・12	3,266			1,951	1,165	1,388	557				171	11,509
1974・12	2,876			2,004	1,258	1,438	576				147	11,668
1977・12	2,332			2,062	1,387	1,776	591	35			80	11,691
1979・12	2,449			2,036	1,568	1,758	666	58	23		61	11,576
1981・12	2,099			2,018	1,610	1,758	673	47	23		68	11,771
1984・12	2,410			1,947	1,592	1,852	701	38	19		50	11,279
1987・12	2,363			1,894	1,688	1,947	673		14		49	10,803
1989・12	2,260			1,880	1,711	1,924	659		12		46	10,749
1992・12	2,139			1,821	1,705	1,865	578		20		75	11,049
1995・12	1,730	187		1,415	1,690	1,799	117		4	16	197	11,865
1996・12	1,710	200		1,368	1,706	1,781	78		3	18	205	11,965
1997・12	1,683	207	34	1,258	1,764	1,770	34			(32) 9	216	11,976
1998・12	1,667	189	78	1,149	1,774	1,767				(27)	212	11,890
1999・12	1,598	16	497	533	1,900	1,879					224	11,900
2000・12	1,581		522	516	1,896	1,881					240	11,722

資料出所：自治省選挙部「選挙時報」　昭和48、50、53、55、57、60、63、
　　　　　平成 2、5、8、9、10、（いずれも12月31日現在）
　　　　　自治省・総務省ホームページ　平成11、12、13（同上）
　　　　　社会党は1996年以降、社会民主党との合計数、公明党も1995年以降は公明との合計数
　　　　　日本新党　さきがけの（　）内は、新党さきがけ

●職業としての自治体議会議員の危機？

きます）と、保守系諸会派や無所属からなる伝統的な構成を大きく変えているわけではありません。

　第三に、このように、かつての「革新政党」もそのダイナミズムを失い、またまだ新しい地域政党が成熟していない段階で、しかも自民党系などの保守会派も90年代に政治改革が推進される中で、方向を喪失しています。こうして自治体議会と議員全体が、改革の時代にもかかわらず、そうした流れと無関係であるという見方が、市民のあいだで広がりました。

　一方では、情報公開条例が制定された自治体では、市民は議会を通り越して、市に直接、情報公開を請求するようになりました。あるいは税の使い方をめぐり、住民監査請求や首長に対する住民訴訟も頻発に行われるようになりました。他方では、行政改革への要求が高まるにつれ、率先して自らの行政組織を点検して改革していくという、三重県の北川知事に代表されるような、知事や市長が登場してきました。大統領制に似て、直接に選出される知事や市長は、能力があればリーダーシップを発揮して改革を行うことができます。しかし議会は、一人の議員によって改革することはできません。

　こうして「沈滞する自治体議会」というイメージができあがると、多くの自治体では、議員数削減の要求が市民のあいだで強くなり、議会の側でも改革の意欲を示すため、率先して定数を削減する条例を可決するという事態が生じました。自治体議員のアイデンティティの危機を象徴する出来事として、この議員の定数削減の問題をいま少し深く掘り下げてみたいと思います。

2 市民自治と議員定数削減の問題

2-1 分権のラディカルな意味

　90年代の政治・行政改革の大きな柱の一つは、地方分権でした。あまりに集権的な行政機構をいかに分権化して自治体自治を広げていくか、こうした課題がありました。日本新党を結成した細川首相が熊本県知事で、さきがけの武村正義代表が滋賀県知事であったことからもわかるように、当初の政治改革は地方分権の要求からはじまりました。その戦略の中心となったのが、機関委任事務の廃止でした。しかしここでは、行政改革－地方分権の議論が内在していた不十分な点を指摘したいと思います。

　一つは、行政上の分権だけではなく、政治上の分権、つまり政党の分権も必要でした。政党が、国会議員－県会議員－市区町村議会議員という縦割り系列になっている限り、中央－地方の関係は変わりません。この問題は、後に「地域政党論＝ローカル・パーティ」として詳しく論じたいと思います。

　もう一つは、分権を徹底していけばどうなるのだろうか、ということです。おそらく、自治体自治に留まらず、住民自治、私たちのことばでは、市民自治に行き着くはずです。そしてそれは市民参加などという生易しいものであるはずがありません。議会、行政それ自体の存在意義を問うことになるはずです。議会の定数削減は、こうした流れも入っています。

例えば、日本新党に集まる政治家を供給した松下政経塾の、1993年の文書の一つでは、「地方自治法では議員の数はゼロでもいい」という主張も掲げられています。あるいはしばしば喧伝された、もし日本が、300の30万基礎自治体に再編されるなら、それだけで議員の数は今の6分の1ほどになるでしょう。

　このゼミナールの最初の記念講演をしていただいた法政大学の松下圭一教授は、すでに1960年代から地方分権や市民自治を提起され、自治体の自治能力を高めるためにさまざまな実践的な支援を組織されてきた方です。今回の講演でも、分権一括法の成立、とりわけさまざまに評価されている機関委任事務の廃止の意義を、「明治以来の日本の中央集権国家がもうなくなるのだ。機関委任事務の意味がなくなって、自治体が立法、条例作っていくのだ。」と非常に積極的に評価しています。しかしこのとき、もし私たちが、ずっと戦後から続いている自治体や自治体議会とか、あるいは自治体政治家のイメージでいたら、おそらくそれは違うと思うのです。もし機関委任事務が変わって、日本の明治政府以降の中央集権国家なくなったのだったら、当然自治体だって、自治体議会だって、あるいは議員だって違ったものになるはずなのです。だからそういう時代が変わって、大きな国の枠組みが変わっているのに、自治体だけが昔の頭の中で、まだ自治体の行政があって、それで議会があって、それで議員がいるという構造でいたら、それこそおかしいわけです。

　現に世界見てみますと、やはりそうはなっていなくて、どんどん変化してきているわけです。ですからたんに問題は、集権国家を分権にすればいいという話ではなくて、集権国家が分権になった時点で、分権を担っているもの、

自治体、行政自身がもう変わっているはずなのです。そしておそらく、議員の性格も変わっているはずなのです。本来なら、自治体、議会、議員は、もっと根本的な挑戦を受けているはずなのです。

しかしここでは、先ず議員の定数削減から話をはじめたいと思います。

2-2 議会の議員定数削減の現状

表2は、1995年段階ですのですこし古いものですが、議員定数の削減の実態を知るのには一つの目安になると思います。減少条例を制定した自治体は、都道府県では33（70.0％）、東京23区では16（69.6％）ですが、市町村では3,168（98.8％）にのぼっています。法定数に対して削減した議員数では、都道府県では149人（4.8％）、特別区では76人（7.0％）と軽微ですが、市町村では20,698人（25.3％）と、実に4分の1近くの削減が進行しています。現に議員数削減を公約として掲げる候補者は数多くいますし、議会でも、議員数削減が政治改革の目玉として議論されるケースも多いと思われます。そし

表2　地方議会の議員定数の削減状況（1995年4月1日現在、人・％）

団体区分	団体数			議員定数			
	全団体数	減少条例制定団体数	減少条例制定団体比率	法定数	条例定数	減員数	減員比率
都道府県	47	33	70.0％	3,090	2,941	149	4.8％
市町村	3,234	3,168	98.8％	81,910	61,212	20,698	25.3％
特別区	23	16	70.0％	1,086	1,010	76	7.0％
合計	3,304	3,217	97.4％	86,086	65,163	20,923	24.3％

出典：大森彌（編著）『分権時代の首長と議会』（ぎょうせい　2000）149頁

表3　市区議会議員定数の改正（改正地方自治法より）

	現行人口区分	法定数	上限数	改正案人口区分
市区	270万以上	100人	96人	250万以上
	250万以上270万未満	96人		
	230万以上250万未満	92人	88人	210万以上250万未満
	210万以上230万未満	88人		
	190万以上210万未満	84人	80人	170万以上210万未満
	170万以上190万未満	80人		
	150万以上170万未満	76人	72人	130万以上170万未満
	130万以上150万未満	72人		
	110万以上130万未満	68人	64人	90万以上130万未満
	90万以上110万未満	64人		
	70万以上 90万未満	60人	56人	50万以上 90万未満
	50万以上 70万未満	56人		
	40万以上 50万未満	52人	46人	30万以上 50万未満
	30万以上 40万未満	48人		
	20万以上 30万未満	44人	38人	20万以上 30万未満
	15万以上 20万未満	40人	34人	10万以上 20万未満
	5万以上 15万未満	36人	30人	5万以上 10万未満
	5万未満	30人	26人	5万未満

てまた、議員数を削減してみても、特に不都合な点がなかったといことで、ますます議員の数や議員の必要性が疑問視されるという事態を生んでいます。

　こうした動向をふまえて、2000年4月から施行されている改正自治法では、(1)人口の括りをもっと大きくして、弾力化をはかる、(2)従来の議員定数の法定制を廃止して、条例で規定できるようにし、(3)そのための上限を定めることにしています。この上限は、これまでの定数削減を追認する形になっています。それが表3に掲げた、「市区議会議員定数の改正」表です（町村は省く）。こうして、これから大型の市町村合併が推進されていけば、議員数削減の第2段階の時代が到来するわけです。

2-3 議員削減の問題点

　前に話しました、日本では30万自治体、自治体数300という話もありますけれども、一般論といたしまして、やはり世界でも、自治体というのは、だんだん統合路線というのを歩んでいます。世界的にそういう流れがあるわけです。介護施設を担える規模での行政の統合という話は、日本でも介護保険を機に始まりましたが、これは、スウェーデンの自治体統合と高齢者介護の発展を踏まえているわけです。では議員が合併したら当然、トータルとしては定員削減がらみにはなってくるわけですし、議員を少なくしてそのかわり、プロの政策マンとしてやってもらいましょうと、こういう一つの道があるわけです。

　しかしもう一方、一般的には、アメリカでは自治体議員も高い報酬と専門性があり、イギリスなどヨーロッパでは、ボランティアに近いところも多いといわれています。そうするとヨーロッパでは、議員報酬は、ほとんど交通費プラスアルファぐらい、議会活動に費やした時間への実費請求ぐらいになるわけです。

　そうなると、おそらく議員も二つのグループに分解して、市民の意識に近い一般的な議員（代議員）と、市の行政に幹部として参加する議員が生まれるかもしれません。ドイツの一部に残る参事会制はある種の議員内閣制みたいなもので、市長には議会の多数派の議長が就任し、幹部は市の局長などに就任して全体として執行部を形成します。そうすると議員であるだけではあまり発言権も仕事の場もなく、特に自治体政治家というより活動的な市民という位置に近くなります。日本流でいえば、政治的に任命される市の幹部職に議会議員を登用することを意味します。

この点では、日本のように普通の議員でも立派な報酬をもらっているところはむしろ少ないわけです。しかし、日本はある意味では中途半端といえば中途半端でして、それによって、本当に一生、職業としてやっていくほどもらっているわけではありません。かといってボランティアほど安くもありません。年功序列の日本で、若い人には非常にいい報酬だったりするのですけれども、中堅になったら、ちょっと安いという、そういう具合の報酬、プラス調査費がありますけれども、中途半端なことになっているわけです。

そういう中で、市民の政治参加意識がどんどん出てまいりますと、要するに欧米、特にヨーロッパ型のボランティアに近い議員像、つまり議員は基本的には無報酬でより幅広い多くの人を集めてやるという、そういうケースも十分考えられるわけです。あるいは日本での場合を想定すると審議会をどんどん作っていって、それで市民を公募してやっていく。オープン化された審議会ということでやっていくと、それは議会委員会を代替するような正当性を獲得してくるわけです。その意味では、自治体議会の存在根拠というのは、分権の時代になっても、むしろ分権の時代になればなるほど、多くの挑戦を受けるわけです。

2-4 自治体議会への挑戦－市民オンブズマン

それでは次に、もっと抜本的な挑戦について議論してみたいと思います。議員定数の削減だけではなく、自治体議会自身も、もはや安心としてはいられないということを挙げたいと思います。自治体議会に対する代替案がすでにあるわけです。一つは市民オンブズマン制度、ま

たはオンブズパーソン制度があります。

　これは、北欧のように議会が任命するケースもありますけれども、日本の場合は行政が任命するケースも多いと思います。あるいはオンブズマンといっても、人権擁護、男女の雇用上の同権などいろいろなオンブズマンがありますけれども、もしオンブズマン制度が充実してくるのならば、ある意味では議会と競合するはずなのです。オンブズマンの場合、具体的な権利侵害や行政による違法行為など、個々のケースの審査や救済に軸があり、一般的な規範をあつかう議会とは機能は違うといえば違いますけれど、しかし行政への監視という点では競合する部分もあるわけです。あるいは、市民の行政への苦情などを斡旋することを活動の中心としている議員もいるわけです。そうすると場合によっては、議会でいろいろな政党とか、会派や政治家が議論しているよりは、直接オンブズマンに訴えて解決してもらった方が手っ取り早い。北欧などは、実際にそういうケースがあるわけです。ですから、重要な選択肢として出てくる可能性も十分あるわけです。議員になるよりも、オンブズマンになる方がいいという人も出てくるかもしれません。もちろん、これはどこまでオンブズマンが権限があるかによりますけれども。

　それから詳しくは展開しませんが、みなさんがご存知の、住民監査請求、住民訴訟、住民投票など直接民主主義の要求があるわけです。日本の多くの自治体、議会が住民請願を事実上却下したりすることにより、ここでは明らかに、住民の政治意識よりも、あるいは住民の民主主義理解よりも、自治体議会が遅れているケースも目立つわけです。自分たちは政治のプロ、地方自治のプロだと思っていますけれども、実は市民の方が先をいってい

ましたという事態が各地で起こっているわけです。

2-5 政治メディアとしてのインターネットの可能性

　さらに、インターネットを使った、直接のあらゆる問題を市民に質問するという問題でも10年、10年といわずもっと早いかもしれませんけれども、技術的には可能なわけです。現に現在でも、かなりの政治家たちは、インターネットのホームページを開いておりまして、政治判断のかなりの部分が、そのホームページのEメールにくる市民の声によって影響受けている自治体の首長や議員もいるわけです。例えばこういうことをホームページに書いたとか、これが市民の意見の趨勢であるとか、インターネットを公共空間として利用している人は多くなっているわけです。どこまでそれが本当かどうかわかりませんけれども。かつては新聞に投書があったからとか、議員によって苦情が持ち込まれたからとか、そのような形で取り上げられた市民の声が、そうした媒介なしに直接インターネットによって集約されることもありうるわけです。

　その場合、行政、とりわけ市長が積極的にこうした「市民の声」を重視する政策をとれば、議会との関係は微妙なものになります。もちろん今日でも、市民との対話や審議会の活用などで、有形・無形に議会を回避する市長は多いわけですが、それがもっと制度的、体系的になります。ちょうど、企業のトップと現場がコンピュータで接続され、中間管理職はいらないよという話だってあり得るわけですので、そういう技術は当然すでにもう存在しているわけです。もちろん議員は中間管理職ではありませんが。

2-6 分権を徹底すれば－デンマークの例

　議会制民主主義や代議制そのものがなくなるということは、もちろん現在の憲法制度ものとではあり得ないのですけれども、しかし現実に、では自治体や議会、とりわけ分権社会が徹底化される中での自治体や議会は、いったい何なのかと考えたとき、その地位は、長い目で見た場合必ずしも私は明らかではないと思うのです。

　そこで自治体議会自身が、現在自治体行政が効率的かどうか、民間でできるものは民間でしなさい、市民ができるものは市民に任せなさいといったりしますけれども、そして自らの定数を削減していますが、では自治体議会はどうなのだろうか。民間でできれば民間に任せ、市民でできれば市民に任せなさいという議論を持ってきて、自治体議会を議論すればどうなるのでしょうか。自治体自体が分権化されれば、それに伴って議会の役割や権限も変化するわけですから、その徹底された例を考えればある程度の未来も予測できるわけです。

　そこで自治体議会政策学会の会長をされている竹下譲教授が、イマジン出版から『世界の地方自治制度』いう本を出しています。もし皆さんがこの本をまだ持っていないのでしたら買われたらいいと思いますけれど、非常に面白く有益な本なのです。竹下教授は、神奈川大学法学部の教授時代に、イギリスの自治体制度、とりわけイギリスのパリッシュという伝統的な基礎自治体と、デンマークの分権化などの研究しておられます。現在は、北川知事が活躍する三重県で、公共政策を研究し人材を育成する四日市大学総合政策学部・地域政策研究所を創設しています。この本でデンマークの例が述べられていますので、それを紹介したいと思います。

●市民自治と議員定数削減の問題

デンマークの地方分権は、1960年代には日本と同じような中央集権だったそうですが、70年代に地方分権を推進して、多くの権限を地方に委譲していったのですけれども、ただし日本のように県ではなくて、コミューンという基礎自治体、市町村に委譲していったわけです。そのコミューンに委譲していった段階を、さらに三つに分けて考え、「地方分権の三つの段階」と彼は言っているのです。

　その第1段階は、市町村への分権化の後の問題です。市町村など基礎自治体に分権化されて、さまざまな権限をもった場合、そこでその自治体の行政機構内部では、どのようなことが始まるかという興味ある事実です。どの局が何を担当するかという、内部の管轄の問題や編成があるわけです。そうしますと自治体行政のトップに大事なことは、そういう担当部局の権限を調整する、相互調整するという、調整的な役割が大事になってくるわけです。その部局間の調整をする仕事が政策委員会、あるいは財政委員会などとなり、それでこの財政委員会、政策委員会というのは、議会で多数を占める政権党のリーダー、つまり市長とその政権党の幹部メンバーが、政策委員会を作ってそこでやっていくということになるわけです。あるいはこの政策委員会そのものが、議会の一部になっている場合もありますけれども。そういうものとして議会が機能してくるわけなのです。

　そうすると直接立法機関というよりむしろ、自治体行政の調整機関になってくる。これはヨーロッパに多い参事会制に近くなります。参事会制といいますのは、議会と行政が別々ではなくて、ある意味で議員内閣制に近いような、ヨーロッパの自治都市に由来する伝統があるわけですけれども、議員の議会のトップが、要するに行政

のトップを占めて、執行部を構成するという、そういう伝統的な自治体行政の制度がかつてありましたが、そうではない自治体も、それに近い制度になって来るわけです。それまでは明確に行政とそれから議会が分かれているのに、議会自身が、政権政党と市長を中心に政策委員会として調整役になってしまう、とこういう話になってくるわけです。

　ところで、その次の第2段階は、今度は80年代には施設現場への分権が始まるというわけです。つまり保育園、老人施設、学校など、施設運営に対する行政権限の委譲、サービスの対象の内容の決定、財政権限の委譲、ここまで決めてしまうのです。職員の給与、施設の貸与や、職員の派遣による収入、配分された予算の年度を越えたプール化を認めるところまで進むのです。こうした分権化の結果として施設の活性化が生まれました。

　これだけでも日本の私たちからみると驚きですが、さらに1990年代には第三の段階に進みます。つまり最終的には、ユーザーへの分権で、公立学校の運営権を、生徒や父母に与えてしまう。こうなればサービス、公共サービスの概念はどうなるのだろうかということで、私の問題提起もまた後に話しますけれども、こういう形で分権というのは進んでくるわけです。だから分権も中央集権から分権、自治体へと、そういう官と官、あるいは公と公の分権であれば、それで議論は限定されますけれども、もっと本当の分権を徹底していって、最終的に市民自治までいってしまえば、市民自立までいってしまえば、では行政にいったい何が残るのだろうか、という問題まで当然出てこざるを得ないし、デンマークはそこまでいっているというわけです。

　これは竹下教授に直接聞かれたらいいわけですが、こ

うした分権化の過程でさまざまな分岐点や争点が生じたと想像できます。大きなステップとして、議会・行政の政策委員会とか、市長の権限を離れて、施設・現場への分権をした時とか、あるいは給与とか、予算のことまで現場で決めてしまう、となったときに、ではいったいその根拠は何なのだろうか、民主主義的な根拠は何なのだろうか、という疑問が当然出てくるわけです。その課程で議会の意義や役割も問題になるでしょうし、反対する議会もあるでしょうから、その状況によりましては分権化がこのようにすすまない場合も、あるいはマイナスの結果になることも想定できるわけです。たしかにそうした危惧はあったけれども、しかし全体として、デンマークの徹底した分権化は成功したというふうに、竹下教授は評価しています。

　これは皆さんぜひ、竹下教授に聞かれたらいい、非常に面白い過程だと思いますけれども、私も隣のドイツに長く住んでおりまして、こうした背景はある程度想像できます。

　一つは、市民自治という場合、行政や政治のみではなく、さまざまな中間団体、昔でいえば職人組合、近代では農業団体や労働組合など、こうした組織が一つの公共的な性格をもっています。そうして、賃金なども、経営者団体、労働組合、政治の三者協議によりある程度のガイドライン的なものが形成される場合もあります。こうした協議は、正式に制度化されているものもあれば、非公式なものもありますが、要するに公共性は議会と行政の独占ではないということです。こうした制度をコーポラティズムといいますが、オーストリア、オランダでは強く、デンマークなど北欧では少し異なりますが、教会組織や福祉団体も含め社会の組織や団体も、政治・社会

組織の一員として承認されている点では似ています。そしてこれは、ヨーロッパに特殊な形態と思われるかも知れませんが、NPO組織の発展を考えると、日本でもこれからの形態として示唆されるものがあります。

　もちろん日本でも農協組織や土建業界の政治家・行政との癒着構造が存在します。しかしヨーロッパ・モデルは癒着ではなく、分権と公共性のあり方なのです。ヨーロッパではデンマークやオランダなど小国が注目を浴びています。さまざまな新しい実験ができるからです。オランダ・モデル、オランダは非常に小さい国ですけれども、過去10年間、産業的にもうまく成功して失業が少なくて、財政赤字もあまり出さずにやってきた。パートタイムをふやしたワークシェアリングの国として、社会保障もある程度残してもやっていくオランダ・モデルは注目されました。しかもこれは非常にプラグマティックなものです。

　例えば一つ面白い例に、「労働市場の柔軟化」というテーマがあります。ドイツとかフランスとかイタリアとか大きな国は失業率が高い、10％前後あるのです。オランダは少なく、この間90年代にずっと減ったわけです。オランダの雇用の奇跡というので、非常に関心持って議論されています。そのときにドイツでシュレーダー政権ができまして、シュレーダー政権は首相直結の諮問委員会を作ったわけです。学者とか多くの人を呼んできて、首相府に労働組合の代表とか経営者団体のトップとか呼んできまして、首相もその場でいて、首相を中心にした懇談会を作ったのです。もしくはひとつの審議会を作ったのです。それでこれから勉強して、ドイツで積極的な雇用政策をやって、失業をなくしていこうという話しを始めたのです。そのいちばん先進国がオランダなわけで

す。ところがオランダの労働組合の幹部がそこにきてびっくりしまして、「われわれはそんな大きな会議を作らなかった、機関をつくらなかった。何かちょこちょこ話しているうちにこういうふうになったんだ」といったという話です。よくできているので作り話かもしれませんが、これは1999年5月に日本の国会議員たちとドイツを訪問した折に、首相府のスタッフに直接聞いた話です。大体北欧モデルとは、そういう形で実践的に解決していったケースが多いわけです。どうしてもドイツ人とか大きな国ですと、枠組みをまず作ってとかいってかまえますので、大変な装置になってしまう。そのわりには成果が上がらないという話になるわけなのですけれども、そこで小回りのきく、非常にプラグマティクな行政と、それとは対極的な、非常に画一的でがっちりした行政組織、日本もドイツから学んで多分にがっちりしていますから、ということになります。

　さらに、しかし今またデンマークへという流れがあります。北欧というとスウェーデン福祉国家がモデルでした。しかし80年代、90年代にさまざまな「改革」を迫られ、年金、介護など成功した例もあれば、経済パフォーマンスなど不十分な点もあります。それで、かつてオランダ、現在はデンマークぐらいが比較的身近であって、しかも環境・エネルギー政策など非常に新しい提起をしていますというところで、学びやすさもあるのでしょうか、デンマークの人気が出てきています。竹下教授を案内役とした、デンマークの分権モデルの現地実習も自治体議会政策学会によって計画されていますので、ぜひ一度、体験されればいいと思います。

2-7 ゼミ参加者の質問から

　　この部分で、ゼミ参加者の自治体議員からでた2つの質問を追加しておきます。

　　第一にT市の無所属、もと自治労の議員の質問です。市民自治を議論するなら、直接民主主義と間接民主主義の関係になりますが、それは議会内だけでなく地域での活動の必要性とも重なります。こうした議員の立場から考えた地域の活動と、分権・市民自治の理念とはどのように関連するか、どうした関係を議員は市民と築く事ができるかという質問です。それに関連して、O市の公明党市議の質問があり、日本では町内会（自治会）が強く、行政の下請けとして制度化されている。市の執行部は、議員や議会ではなく、町内会の連合体を束ねることによって住民との直接のルートを築いている。逆にいえば、行政にとっても議員にとっても、こうした自治会の幹部が反対したり、あるいはこうした人々を経ない政治は、成果を見出せないことになる。しかしこの町内会を竹下教授のいうイギリス流のパリシュと考えれば、すでに日本でもコミュニティ重視の政治が成立しているといえなくないのでは、という提起でした。さらにG市の市議からは、この見解に対して、自治会が地域コミュニティとするなら、しかし自治会や町内会の間で協力関係は密ではなく、しかも現実は行政の下請けを担っている面もある。予算を自らで編成できるのであれば、地域民主主義を実践しているともいえるが、というコメントがありました。

　　第二の質問は、市町村合併で大きな単位になると、自治体行政の間で調整ができるだろうか。これが、議会の常任委員会の仕事になれば、しかし実際の権限や会期期

間のみじかさ（延長手続きにより休会中でも活動できるが、ほとんどは有名無実）から、実効ある委員会の仕事は困難になるのでは、というないようでした。

最初の質問に関しては、議員の間の議論によりかなり問題が深められていますし、町内会、自治会の役割は地域によってかなり異なります。日本の自治体政治を議論する場合、避けてとおることのできない課題ですが、ここで一定の答えを出すというよりは、読者に自ら考えていただくほうが適切かと思います。

第二の質問に関しては、ドイツ・北欧などの参事会、政治委員会、行政マネージャーなどの多様な形態がモデルとして存在します。日本のように一元的な自治体行政組織や、議会と行政の関係も、もっと地域の現状に沿って多様化していくことが望まれます。これが地方分権＝地域主権の本当の意義であります。この場合は自治体行政というよりも、地域政府になるわけです。他方で、しかしこうした多様な統治組織を作り出す伝統のない日本で、どこまで議員が市の執行部と一般の議員に二分化されることを認め、すすめるかという問題が残ります。また、広域連合や市町村合併のあり方は、現在議論されるような、自治体の行政サービスの能力論から「適正規模」を議論するのではなく、地域に根ざした多様な下からの連合や組織化の試みにたって行われるべきであることを示唆しています。広域連合や合併論は、人口30万、300自治体に見られるようにそれ自体、新しい画一的な行政組織をめざす点で、最初から目標を逸しています。

3 持続可能な政治

3-1 「持続可能な」という言葉の意味

　こうなると、自治体議会だけの問題でも、議員の問題でもなく、行政と市民のあいだに立って、政治とはいったい何だろうか、これからどのような役割を担うことができるのだろうかという問いにならざるを得ません。そこで、ここでは、これまでの議論をすこし変えて、「持続可能な政治」というテーマを扱いたいと思います。

　おそらく「持続可能な」という言葉は、皆さんすでに聞いていると思うのです。1992年のリオでの国際環境サミットで使われた、"sustainable development"、持続可能な開発です。もともと87年に出された、国連の環境と開発に関する世界委員会、ブルントラント、元ノルウェー首相で社会民主主義政党の首相による報告「我ら共通の未来」という中で、「持続可能な開発」という言葉が提起されまして、92年の国連環境開発会議で、環境と開発の調和が最大のテーマとなって、この言葉が世界的に有名になりました。

　それ以来、この言葉はいろいろな場合に使われ、ますます使用範囲を拡大しています。たとえば持続可能な経済、持続可能な社会保障、持続可能な福祉国家、持続可能な社会などです。もっともこの言葉が「持続が可能な程度の環境破壊であれば許される」というように解釈されかねないとして、日本の環境問題の第一人者である宮本憲一さんなどは、「維持可能な」という、生態系や環

境の維持に重点をおいた訳語のほうが正しいとも主張しています。

3-2 ドイツ緑の党の体験

ところで、たまたま私が昨年ドイツにおりますときに、昨年1年間海外研修でドイツのフランクフルト社会研究所というところにいたのですけれども、ドイツでは現在、社会民主党とエコロジー政党であります緑の党の連合である、シュレーダー政権が1998年から成立しています。緑の党は、環境大臣、消費者問題担当大臣、それから有名な68年世代のフィッシャー外務大臣、こういう人々を擁しているわけです。昨年、私がドイツでニューステレビを見ておりますと、サスティナブルというのは英語ですから、ドイツ語ですとnachhaltigといいますが(それは要するに持続可能なという言葉を、そのままドイツ語に訳したわけですけれども)、「持続可能な政治」という言葉が緑の党の政治家によって頻繁に使われるようになりました。それはどういう背景かといいますと、要するに原発撤退をめぐってであります。

緑の党の源流は、70年代後半の反原発市民運動にあります。その緑の党は、80年代から州レベルでは政権を担当していますが、原子力発電の権限は連邦政府ですので、直接、政権担当によって原子力政策を転換させることはできなかったわけです。しかし1998年から緑の党は政府の与党ですから、脱原発を実行しようと思ったら強く主張することもできる立場にあるのです。もちろん社民党のほうが勢力は大きいですから、社民党も賛成しないかぎり困難ですが。ただし、できるという意味の内容は、要するに、政府だから原発を禁止してしまえばいいとい

う単純なものではなくて、当然禁止すれば、電力会社から膨大な損害賠償請求されるわけですので、あるいは核燃料サイクルがありますから、政府が決めても、すぐに脱原発できるわけではないわけです。

　それで、与党間の交渉で大体30年とか35年かかって、原発から脱原発のシナリオを書いていく。そういうのを電力業界と交渉いたしまして、ひとつの決議というのでしょうか、要するに業界と32、3年かけて、原発から脱原発のシナリオを作っていくと、シュレーダー政権のもとそういう決議をあげたわけです。最近の報道では、25年間で最後の原発も停止されるなどともいわれています。

　さて問題はそれまで環境運動として、緑の党といいますのは、原発即時撤廃を言っていたわけです。それは当然、緑の党の大部分の代議員とか、下部の一般の党員は即時撤廃を主張してきたし、これからも主張しようとしていることを現しています。即時は無理でも、もっと10年とか20年とか、できるだけ早く撤廃すべきであり、32年とか33年という政府の提言は、原発の自然耐用年数から導きだされており、これは彼らの概念からすると、とても脱原発のシナリオではあり得ないと、こういう議論もあるわけです。

　2年ほど前までは、その具体化をめぐりまして、ずいぶんと緑の党の内部でも議論があったのですけれども、つまり幹部の中で、政治家の中でもそういうふうに妥協的にやっていくのか、それとも原則的な即時撤廃路線をやるのか、対立がありました。しかし政府与党になりましてほぼ1年、2年たってきますと、だんだん現実が分かってきて、党の幹部の方は大体、妥協しか仕方ないだろう、ということになったのです。

それで問題は、しかしこういう下からの民主主義的な政党ですから、党大会で、要するに代議員の支持を得られないと、これは決議できないわけです。そのときに非常に印象的に「持続可能な政策と政治」という言葉を党大会で使ったわけです。エコ政党ですから当然かも知れませんが、実は意味内容が違っています。

それほど彼らも、意図的に言葉を作ったというわけではなくて、要するに何かといいますと、ラディカルな即時脱原発、即時撤廃というこれまでの路線を実現しようと思ったら、おそらく連合政権は崩壊し、結局はそのプログラムは挫折するだろう。それは実現しないだろう。だからラディカルな要求というのはもちろん、社会運動のレベルでいえば、そういう即時撤廃を要求してきたわけですけれども、しかしそれはおそらく、現在の制度の中では最終的に見れば失敗するだろう。それであればむしろ、今党幹部が決めたような30年かかってもいいから、現実に実現できる政治を選択する、つまり持続可能な政治をやっていくのだ、ということになるわけです。

こう書けば明快で、論理的な帰結であるようですが、党大会ではもちろん執行部反対派も激しい議論を展開しますし、場合によっては緑の党は分裂してしまうのでは、という臨場感もあり、結果が必ずしもわかっていない興奮させられる大会中継でした。

では、持続可能な改革政治という意味です。かつては普通に、改革政治と言っていたわけですけれども、その改革政治、彼ら自身が、エコロジー政党自身が、自分たちこそ本当の改革派だと登場してきたグループが、まさに持続可能な政治、それは即時撤廃ではなくてゆるやかではあるし、実際運動もやってきた人は批判するような、そういうあいまいな内容なのだけれども、それが本当の

持続可能な政治を実現するのだと、こういう議論を持ちだしたわけです。

　そのことは、別にここから突然、持続可能な政治という言葉が広がったわけではなくて、たまたまそういう党大会で、あるいはそれから以降、いろいろな人々を説得するために彼らが使っている言葉を、私も聞いておりまして、この概念は、ひょっとしてもっと深い意味があるのでは、彼らが使っている以上の深い意味があるのではなかろうかというふうに思いました。それで、1度日本に帰ったら、そういう持続可能な政治という概念をもっと深く考えてみようと、そういう問題意識を持ったわけです。ですから今日は、その第1回の話ですので、私自身も十分まとまっておりませんし、どこまでそれを深化させて、皆さんに伝えられるかどうか分かりませんけれども、きっかけとしてはそういうことです。

3-3 狂牛病と農林省統廃合

　緑の党自身はそのあと、私がヨーロッパにいる間に、2000年秋に狂牛病の事件が再燃しました。イギリスの問題としていた狂牛病が、スペイン、フランスなどヨーロッパ大陸でも発見され、ドイツで見つかるのも時間の問題ということになり、事実、ドイツ各地で相次いで発見されることになりました。このあたり、1年後の日本と同じ状況であったわけです。しかしソーセージなど肉食の文化であるだけに問題はもっと深刻でした。さらに口蹄病というのでしょうか、牛とか豚とかの家畜の伝染病ですけれども、そうしたさまざまな病気が相次ぎました。これは、その病気をもつ家畜が発見された地域には、外部の人間は立ち入り禁止にするという徹底した防止策が

必要らしく、一時期、フランスからドイツに入国できなくなりました。狂牛病ですと、もう1匹でも感染したものが見つかれば、その農場の乳牛は全頭焼却するという絶滅政策をやっているわけです。しかしそれは、農家や畜産業に大打撃を与えるわけで、農村に基盤を置く保守政党はもちろん（バイエルン州の農林大臣）、シュレーダー政権の農林大臣も社民党ですが農業団体出身で、当初は、対応策が場当たり的で徹底したものではありませんでした。

　そこでシュレーダー政権は今回の問題を契機に、突然、農業政策の大転換を打ちだしました。それは非常にドラスティックで、一挙に農林省を統廃合したのです。どうしたかといいますと、消費者保護局とか食品安全部門というのは前から農林省や厚生省に分散されていたわけです。そうした消費者保護の部局を、まず新しい省の中心に据えまして、その一部局として旧農林省を持ってくるという、逆転させた省庁再編を行ったわけです。その理由として、農業といえどもマーケットで消費者が買ってくれなければ崩壊するわけですから、生産者の農業ロビーを中心にする行政ではなく、消費者に顔を向けた農業行政に転換するというわけです。これは現在の日本でも共通する話ですが、食糧経済論的に言いますと、かつてのような生産側の農業、作る側だけの議論だけではなくて、最終的に消費者がどうなのだろうかという、消費者のことまで含めて初めて食糧経済が成り立つわけですので、むしろ食品経済、フード論が必要となるわけです。

　しかし農林大臣の辞任をめぐってごたごたしている日本にくらべれば、ドイツは電光石火の対応でした。狂牛病の問題を契機に、消費者保護の局を省に格上げして農林省主要部局をその一部にして逆転させてしまう。さら

に農林大臣、厚生大臣を辞職させ、しかもその新しい消費者保護省のトップに、緑の党の女性党首、ルナーテ・キュナストを連れてくる。こういう非常に過激な改革をやったのです。逆にそうしなければ、消費者の方の、特に肉に対する不信感が非常に深かったものですから、もう値段が半額以下でもって値崩れしてしまって、畜産業が崩壊するかもしれない、という所までいきました。ですから、どうやったら消費者の信頼を回復するか、そこまで追いつめられたものですから、農業団体も含めてそれに賛成して、消費者優先の食品政策やっていきましょうというふうになったのです。

　そこでも、もちろん緑の党というエコロジー政党の場合は、そういう安全食品というのは、そもそも運動の出発点だったわけです。ダイオキシンや酸性雨など、土壌汚染・大気汚染が70年代末から大きな課題となり、無農薬農業なども推進してきました。けれども、さまざまな規制が行われてきたこともあり、政治的な課題としては、原発廃止やコソボへの空爆問題などの国際貢献の問題などが前面に立ち、安全食品をめぐる議論は下火になっていました。それが突然、再び狂牛病の問題に端を発しまして、最大の政治課題に復活したわけです。

3-4 持続可能な政治への関心の広がり

　そこで緑の党内では、原子力政策について安全食品や消費者保護の課題も、持続可能な政治というヴィジョンによって議論されることになりました。単に危険から消費者を守るというだけだったら、疑わしい家畜の絶滅政策を徹底してやればいいことになりますが、焼き払ってしまうという、そういうその場限りでの強固な政策が可

能なわけですけれども、しかし長い目で見た場合、はたしてそれが本当に解決に至る道であるのだろうか、という疑問が当然出てくるわけです。そうしますとやはり食料の問題・農業の問題を、持続可能な政治という観点からとらえていく必要があるという形で、一時的に過激な政策よりも、むしろ政治が長期的にできることを準備していく、こうしたエコロジー政策を訴えることになります。

　日本のように、官僚や官庁組織の責任を曖昧にする手段として提起されているのではないことに注目してもらいたいと思います。一環境政党、政治家、また緑の党・党大会の代議員たち一人一人が、政治の可能性をどのようなものとして理解するのか、こうした政治の根本をめぐる議論なのです。ですからこういう党大会をテレビの実況中継でみていますと（公共放送の場合、ニュース報道とは別に、深夜枠などで全部の演説や議論をドキュメントで放映していました）、やはり現代の「危険社会」がかかえる問題、人々に不安を与える、予測できない危機というのはいっぱいあるわけです。

　しかもそれは、いつ起こるか予測されないだけであって、危機そのものをつくりだす工業社会の構造は解明されているわけです。今回のヨーロッパの狂牛病、日本でも、東海村原発燃料の処理の問題や一年遅れでの狂牛病の問題などがありましたけれど、そういう突発的な危機が出てくるなかで、政治はどのように対応すべきなのだろうか。そのときに現代社会は情報社会でもありますので、とりわけ官庁、政府、それから与党など情報を握っているところはある程度口当たりのいいことは言えるわけです。そして、のどもと過ぎれば熱さを忘れる、で世論が煮えたぎっている間はしばらく身を潜めていて、

あるいは情報を操作して、沈静化するのを待つという、そういう意味での「危機管理」が通用しているわけです。これまでも危機を何とか過ごせば、それで皆忘れてしまうという形で、今まで何度も原発事故の問題でもいろいろあったわけですけれども、やはり危機がいわば恒常的に起こる時代ですので、それに対して政治がどのように立ち向かうべきなのだろうか、ということ事体が大きなテーマになってくるわけです。

3-5 U・ベック『危険社会』論

　ついでに、ちょっとこれは話が脱線しますけれども、危機・リスクという問題において、例えばドイツのウーリッヒ・ベックという人が、『危険社会』という本を書いております。もう10年以上前に出た本ですので、おそらく関心ある人は読んだこともあるかと思います。日本でも翻訳が出ていまして、法政大学出版局のものが優れているとおもいます。非常に面白くわかりやすい本ですから、ぜひ読まれたらいいと思います。要するにリスク、現在あらゆる政治家がリスク管理と言いますけれども、その場合は、ペイ・オフなどの金融資産のリスク管理や、確定拠出年金の運用などの話をしている場合が大部分です。昨年の９月以降は、テロの問題もここにはいるかもしれません。ベックの危険社会論も、すべてを包括しようとする傾向をもつドイツの学者ですから、もちろんこうしたテーマも重要な要因です。

　しかし彼の特色は、現代社会ではリスクの意味と広がりが大きく転換したという主張にあります。例えばかつての公害問題を考えてもらったらいいわけですけれども、水俣病や四日市喘息などの経済成長期の４大公害な

どは、被害の規模も大きく、大気汚染の場合は企業の特定も困難ですが、それでも、汚染者の範囲が分かっていて、被害者も地域に限定されていて、当然責任も追及もできるという、そういう危険のタイプだったわけです。

　ところが現在、それから以降の、例えば酸性雨による森林の破壊やチェルノブイリ原発事故が典型例ですけれども、汚染源は分かっていますけれども、あまりにも広大すぎて、損害賠償要求できない。あるいは一国を越えて、世界中に広がってしまう、ということなのです。ですからリスクの内容と制御が違ってきてしまっています。あるいは数年前のダイオキシン汚染をめぐる騒動を考えてもらったらそうですけれども、不特定多数で、どれが原因かはっきりと言えないというわけです。それからしかも非常に影響が長期にわたりますので、すぐに原因を除去して解決するというわけにはいかないという問題もある。ですからリスクの問題というのは、かつての問題とは質的に変わってきているという議論もあるわけです。そういう意味で私たちはリスクを内在させる社会、危険社会に住んでおり、人々はいわば「不安の連帯」を余儀なくされているというわけです。

　危険社会という、人間が制御できない危険、あるいは特定者、原因者を特定できない危険を拡大させる社会、そういった時代に生きる政治の課題は何なのかという議論は、やはり持続可能な政治のひとつの大きな政治課題になるのではなかろうか、と私は思うわけです。

❹ 現実の政治＝持続不可能な政治

4-1 民主主義の困難

　ところで、日本や世界の多くの国をみると、持続可能な政治とは反対の方向に進んでいることがわかります。

　政治学者も細川改革前後からいろいろな形で現実政治に介入というか、提言しているのですけれど、ほとんど成功しなかった。選挙制度改正の問題から始まりまして、行政改革をふくめまして、なかなか理論の問題と現実は対応していなかったということがあるわけです。とりわけ日本の国会、あるいは自民党に代表される国政政党を見ておりますと、お先真っ暗という感じがします。

　しかしそれは日本の永田町特有の問題であるだけではなく、デモクラシー、民主主義という問題とも関連します。今要するに議会政治や政党が難しいのは、日本のいわば人々の意識が高くなってきて、国民主権という言葉、昔からありますけれども、それを単に憲法の理論だけではなくて、もう日常生活というか、普通の意識で、普通の市民が「政治って私たちがやるんですよ」という意見を、だんだん持ってきているわけです。ではそういう日本の普通の人々が持っている意識が、ずいぶん高まってきている状況と、それから政治家、特に政党の人が持っている意識とは、だんだんずれが大きくなってきてしまったということです。

4-2 メディア民主主義

　しかしふつうの人々の意識も、多くはメディアの情報に頼っています。その政治への関心は、小泉現象、田中真紀子さんへの応援など、ワイドショー的な関心と渾然一体となっています。他方では、2001年春の小泉さんの総裁選挙を見ても分かりますように、本来の意味の組織政党、大衆政党であれば本来やるべきことをやってこなかったというのがあるわけです。メディア民主主義のような世界的な流れの問題と、日本の政党政治以前の問題が混ざっているため、日本でリアリティーのある政治を論じることは困難になっています。

　今一つの試みとして、2000年秋に、岩波書店から『2025年日本の構想』という本が出版されました。政治学者と経済学者の協作です。私もあまりにも欧米モデルで議論している民主主義の議論と、日本の現実政治の落差に驚きまして、地域政党についての議論をそこで提起しています。このテーマにつきましては後に詳しく論じますが、ここでは「二つのレベルの民主主義」に焦点を絞りたいと思います。

　小泉さんの現象をみても分かりますように、現代のレベルの高いデモクラシー、市民の参加する民主主義、市民も参加したいという民主主義の問題と、日本の国会レベルでやっている政党や民主政治はどこまでその名に値するかという問題は、なかなか難しいのです。首相公選制の提唱者や石原慎太郎都知事がいうような、国民投票的な決定で民主主義は実現されるのだろうか。では今回小泉さんがやったみたいに、党員全員がそれなりの投票権を持って投票すればいいのか、といえばそれもまた危険性もあるわけです。たまたま今回は時間が少なかった

から、橋本派は対応できませんでしたが、もし準備期間が十分あれば、党員基盤にしたって、それに対するさまざまな働きかけは可能なわけです。そうするとまた膨大なお金がかかる、現在よりもっとかかるかも知れません。アメリカの大統領選挙みたいなものです。

　アメリカの大統領選挙は、2年以上にも及ぶ長期の選挙です。予備選挙をやって、そのための候補者のキャンペーンがありまして、そのためにお金をどんどん集めないと、そもそも党内、民主党あるいは共和党の候補者にすらなれないというのが、アメリカの大統領選挙なわけです。だからそこで、予備選挙をやったらよろしいとか、党員民主主義で、全員が投票権を持ってほしいという、そういう単純な問題ではなくて、あのような大規模になればなるほど、当然ながら、そもそも参加型の民主主義の概念とそう簡単に一致しないわけです。現在の選挙は、政党や政策よりも党首を選ぶ選挙になってきており、それは党首のイメージに大きく左右されます。それで選挙には広告業界のプロなどが重用され、それがまた結果を左右するほどの影響を与える場合もあります。「劇場型民主主義」とかメディア民主主義とかいわれる理由です。

4-3　20世紀型の議会・議員・政党観の克服

　要するに私が言いたいことは、現在私たちが持っている、議会とか議会議員とか政党とかいったものは、やはり19世紀に由来し、20世紀に発展した産物なわけです。議会もそうなわけです。それがずっと中央集権、官僚機構に対応する形でやってきたわけです。それが今、分権で変わろうとしています。そのときに、では集権国家は変わったのだけれども、では地方議会、自治体行政、自

治体議員が変わらなくてもいいのだろうか、というのが私の提起でした。過去200年ぐらい、かつては地方議員といいましたら、地域の名望家、地主さんとかそうした名望家がなっていました。戦後都市部では大きく変化しましたが、地域によっては、驚くべきことに東京の三多摩や区部ですら、まだこうした伝統を残しているところがあります。こうした現実と、デンマークの分権論の間に横たわる溝を、どのように私たちは考えることができるのでしょうか。

現に北欧のデンマークでも少し前までは集権的で伝統社会であったわけですから、分権を徹底してやっていくなかで、そこまで行き着いたというわけです。ですから分権論は、それなりの意思と覚悟を自治体議員にも要求している、といわないと中途半端なものになってしまうわけなのです。それは私のひとつの提起なわけです。

その関連で、なぜここで持続可能な政治ということが大事になってくるのかといいますと、近代国家が成立して以来、政治の核心を占めてきたもう一つの政治の認識、つまり権力という問題です。権力をめぐるいわばパワーゲームです。これは政治に本来的なものです。政治を語りますときに、例えば経済ですと価値とか資源の効率的な配分をめぐる問題がありますが、政治の1番の問題点、本質問題がからみますと、必ず権力になります。人間社会がある限り、権力は残るわけですので、政治もどうなっても権力という要素は残るわけです。三権分立や自由権を基礎とする基本的人権の確立、こうした近代の長い遺産の上で、私たちは民主主義の政治を議論しているわけです。

ところで、現在の権力をめぐる問題は、大きく位相を変化させてきています。政治権力とは、単なる暴力の行

使や支配ではなく、人間の間の影響力の行使をめぐる問題であるわけです。現代はメディア民主主義の時代ですから、マスメディア、小泉首相に典型的に出ておりますけれども、その前の森首相も逆の意味でそうですけれども、人々の判断を180度変えてしまうような、「権力の行使」が日常的になってきています。同じ政党で同じ派閥の人が首相になっても、そのメディアのイメージにより180度変わってしまう。それはもちろん、小泉氏自身の功績もあると思いますけれども、やはりメディアの取り扱いが、決定的に大きいわけなのです。

4-4 再度、アメリカ・イギリスの例

それに応じて今度は、政治家の方でもこれはもうアメリカの大統領選挙、レーガンが一つのピークをつくりましたが、要するにいかにメディアを使うかです。メディアをうまく使う人が選挙を制し、ひいては権力を制すということで、非常にメディアを利用する技術だけは、過去20年間ほどで異常に発展してきているわけなのです。これはもう世界的にそうなのです。

そうしますといちばんの危険は、政党政治で政策をめぐった争いを、といいながらも、ほとんどは現実的にはもう、国政レベルでいいますと、党首はだれなのか、党首のイメージ、党首のイメージとは、これはマスメディアが作るわけですし、あるいは政党自身が演出するわけですけれども、その党首のイメージによって勝敗が決まる。今度のイギリスのブレアがいい例です。保守党のヘイグというイメージが、非常に一方が悪くて一方がいいものですから、あれだけ差が出てくる。また私がいたドイツのシュレーダーも、もしシュレーダーでなかったら、

●現実の政治＝持続不可能な政治

社民党が勝ってなかったといわれるぐらい、党首によって勝ったといわれています。

4-5 二つのレベルの民主主義

　そういうことでありますので、それなら少々乱暴ですが、思いきって民主主義を二つに分けてしまえ、というのが私の提案でして、要するに、大統領選挙や首相をえらぶ国政政党などの大規模なものは、多少とも、デモクラシーの特に参加の意識、党員が全部参加するという認識がなくてもよろしい。少しそこは軽視してもよろしい。そのかわり、はっきりしたリーダーシップを発揮しなさい。リーダーシップと責任をとって下さい、というわけです。

　しかしそれでは、民主主義の根が失われますから、そのかわり本当の意味での民主主義、草の根民主主義、あるいは参加する民主主義、市民の民主主義、このような現代の高度な民主主義の要求は、これは地域で支えましょう、とこういう二元論にたてばどうなるのだろうかという、私の現実的な案として提案したわけです。というのも、なかなか国政政党レベルでの政党や政治家を、本当に下からの意見を吸収する民主主義政党にしていこうというと、これは非常に大変なのです。エネルギーが非常にかかります。はたしてそれが、そのコストが見合うかどうか、努力したわりに報われるのかどうか、政治改革や民主党の成立過程を見ていましても、私は非常に疑問に思うのです。むろん憲法の要請や政治学の教科書では、そうあってはならないわけですが。しかし現実がそうであるなら、むしろ中央で政党を支配している人々は、国会議員のいくらかの人々は、明確なリーダーシップを

持った政治家として、さらに情報公開とか政策提起を通してそれで争ってもらったらよろしい。そのかわりデモクラシーの問題というのは、さきほどのように参加型、市民が参加する民主主義は、地域で保証していきましょうというような議論を、そこで展開しているわけです。

4-6 マーケティング政治の限界

　アメリカなどですと、大統領選挙、要するに政策は党によって作るのではなくて、大統領をまず決めて大統領の人柄やイメージに合わせて政策を決めるということなので、要するにアメリカの大統領とは、大統領候補のキャンペーンなのです。つまりはちょうどマーケティングみたいなものでして、ある商品をどうやって売るかというマーケティング競争なのです、アメリカの大統領選挙というのは。そのためには、大統領選挙の2年も3年も前に、まず商品を決めて、その商品はどこに売りものがあるかというのを決めまして、それで政策が決まって、逆ではないのです。ますますどこでもメディア選挙になって、党首によって決まるようになってきますと、マーケットがそうですけれども、自動車がそうですけれども、どこも似たようなデザインになってくるわけです。つまりどれがいちばん消費者に売れるかというのは、今アンケート調査でマーケティングで分かるわけですから、それと消費者のニーズに合ったものになってきますと、全部個性がなくなってきて、同じようなものになってくる、とこういう傾向になってくるわけです。あとはせいぜい違うのは、その人のキャラクターが違います。政策ではなくてキャラクターの違いです、という本当の今回のゴアとブッシュの政権で最後のときにいわれましたのは、

●現実の政治＝持続不可能な政治

キャラクターが違うこと。片一方ははっきりしないあいまいなキャラクターで、片一方ブッシュは強いテキサスの男の性格なのだという性格の違いだったわけです。というかブッシュの方の宣伝マンが、それをセールスポイントにして大統領選挙を組み立てたわけです。

　このことは要するに、特に大きな政治権力であればあるほど、マーケティングの政治になってしまう。マーケティングの政治でもいいではないか、人々のニーズを探すわけだから、世論を聞いて世論に合った政治にしていくのだからいいではないか、と思われるかもしれませんけれども、実は世論のニーズに合った政治は、はたしてできるのだろうか。まさにそれで、ここで持続可能な政治が出てくると思うのです。

4-7　錯綜したニーズ

　ところで人々のニーズが何であるか、ということはそれほど単純に決められるわけではありません。ここではいろいろな、部分的には矛盾したように聞こえるかもしれない議論が必要とされています。

　例えば、「民間でできることは民間に委ねる」という、何度も論じました命題にもう一度戻ってみます。経済学やメディアの論調では、それが自明のこととして論じられています。しかし公共サービスを一つとってみても、従来のようなものと違った形であるかもしれないが、むしろこれから公共サービスは必要なのだ、拡大すべきなのだ、という意見も本当は多く存在するわけです。明らかに日本の世論の多くの人々は高齢社会をひかえて、先ほどニーズという点で言いましたが、そういう公共サービスが充実していて安心できる社会を求めているのは事

実なわけです。欧米でも実はそうなのです。明らかにどのような緊縮財政を求める政権がとっているところでも、アンケートを取りますと、やはり世論は社会福祉の拡大を望んでいるのです。社会福祉の削減を望んで、小さい政府の保守政党を支持する国民など、本当は多数派としては存在していないわけです。たまたま減税と小さい福祉政府を指示するブッシュさんが大統領になっていても、しかし多くの中・下層のワーキング・アメリカの人々は、できればやはり医療保険制度の拡充を望んでいるのです。

4-8 ニーズに合わせる政治は持続可能ではない

　問題は、そうしたニーズがあるとして、持続可能な福祉社会をつくることができるでしょうか。ここでまた私たちは、持続可能な政治という逆説に行き当たることになります。かって60年代、70年代の経済成長期には、福祉国家の拡大が当然視されましたが、その延長線上ではうまく行かなくなった現実があるわけです。経済成長と環境破壊、あるいは南北格差の拡大というテーマを掲げるだけでも、ポスト福祉国家の問題状況は理解できるとおもいます。しかし格差があっても、不公平が拡大しても、市場の効率性さえ保障されれば問題は解決する、という市場主義の立場も現実に反しますし、なにより人々の願いに反しているわけです。そこで、ニーズに合った政治は持続可能ではない、という結論をもちつつ、第三の道を求めなければなりません。

　というのは第一に、何がニーズであるかは、さきほどから述べているように、情報社会のバイアスがかかっています。しばしばニーズとは、自分で持っているもので

● 現実の政治＝持続不可能な政治

はなく、メディアに教えてもらうものであるかもしれません。すくなくともマーケティングの本を読めばそう書いてあります。

　もちろん、外務官僚と闘う田中真紀子さんに人気があったように、人々は本能的に問題の本質を嗅ぎ取ることができるともいわれています。もちろんそれは否定できません。メディアの操作だけでは説明できないこともあります。しかしこうした本能によるニーズ、大衆の「真に欲していること」にたって政治を行うことは危険でもあります。こうした主張は、しばしば大衆政治を批判する保守的政治家や学者によって声高にさけばれますので（衆愚政治批判や民主主義にエリート主義を対置する）、私としては痛し痒しですが、具体的な危険として、グローバル化の時代に人々の本能に訴える危険をひしひしと感じます。例えば、テロに対する危険、外国人に対する危険意識など、こうした政治は人々の本能や不安に訴えるだけ「効果」があるものですが、こうした手段で選挙に勝つことを互いに抑制してきたことにこそ、西欧民主主義の勝利の秘密があるのです。

　そこで政治の役割は、できることとできないことをはっきりさせること、しかし同時にできるだろうけれども、してはいけないことをその社会の基本的な価値としてはっきりと宣言すること、こうしたことが重要になります。

　幸福ということを考えてみましょう。何が本当に人々にとって大事なことなのか。それは長期的に見て、長い目で見て幸せであることがいちばん大事なことであるわけです。この一瞬の幸福、例えば前の地域振興券みたいなもので、振興券を配布され何か買えてうれしかった、という一瞬の幸福なのか、それとも長い目で見た福祉制度、非常に安心感のある将来設計なのかと考えた場合、

当然一瞬の幸福とは調和しない場合もあるわけです。そこでどのように市長さん、あるいは議員たちが、「じゃあこういう社会を目指します。この途中にはこういう問題があります。」という持続可能な政治を提起できるかどうか、つまり持続可能性を政治の軸に設定できるかどうか、が大きな問題になってくるわけです。

4-9 環境問題から始まったが

　この意味で私は、環境問題から始まった持続可能なという概念が、今非常に広く使われていて、人々の中にもその発想は理解されやすくなっていくわけですから、これを政治に使わない手はないと思うのです。持続可能な福祉国家というのを使っている人がいます。それは明らかに年金とってみても、少子化・高齢化の中でいかに持続可能なのか、とこれはだれでも考えることですから、持続可能な福祉国家、社会福祉政策といっております。しかし、問題はそれだけではなくて、むしろ政治自身が、持続可能な政治ということを課題とする意味は大きいとおもいます。

　持続可能な政治というのは、もう1度強調しますけれども、持続可能な政治というのは、今あることを肯定するのではなくて、むしろ逆に今あることを変えなくてはならない。先ほどのリスクに対する議論もそうですし、それから分権の時代の自治体行政の役割もめぐってもそうですけれども、持続可能であるためには、不断に変えなければ持続可能でなくなるわけなのです。だから最初に説明しました地方議会の勢力、各政党と無党派・無所属の勢力分布図の地方議会が、このままでいいはずがないわけなのです。このままでいれば、持続可能な政治に

はならない、地方自治にはならない、変えなければならない。持続可能な政治だからこそ逆に、現実を変えなければならない。それで初めて持続可能な政治が生まれるのだというのです。こういう逆説が成立することを強調したわけです。

4-10 価値保守主義と構造保守主義

　要約すると、緑の党のような過激な改革や社会運動から出発した政治家が、むしろ持続可能な政治を主張するように、逆に保守を言う人であればあるほど、また逆に現実を変えなければならないということになります。今、こういうふうな時代にきているわけなのです。

　これはひとつ便利な言葉がありまして、保守の議論の中で「構造保守主義」と「価値保守主義」ということばがあります。構造保守主義とは、要するに今ある既得権を守ろうというのが構造保守主義になります。これは批判されるのです。価値保守主義というのは要するに、例えば村の自然を守れとか、今まで住んでいた人間社会を守れとか、そういう価値観における、本来のあるべき理想とする価値観において、保守主義であるのは悪いことではないという、こういう保守主義の二つの区別です。構造保守主義は既得権擁護に過ぎないが、価値保守主義は、例えば人間関係とか、社会の価値とか、あるいは環境保全とか、守るべき価値を積極的に認定し、現状を変革してでもそれを守ろうとする態度なのです。

　しかしこの区別に限界があります。たとえば男女の役割分担に関してフェミニストはおそらく反対するでしょうし、家族にかんするこうした伝統的な価値観こそ変えなければならないというと思うでしょう。環境問題では

一定の意味がありますが、もっと広い視点からこの問題を考察しなければなりません。

●現実の政治＝持続不可能な政治

⑤ 共生契約に向けた政治

　ここでは、持続可能な政治をより理念的に詳しく根拠付け、制度論的に展開しようと思います。

5-1 共生契約

　「持続可能な」という理念やヴィジョンは、日本では「共生」という言葉で語られる場合が多いと思います。しかし問題は、「共に生きる」（living together）という意味での共生という言葉があまりにも多様に用いられたため、その意味することが曖昧で漠然としたものになってしまったことです。今、私が2年前に別の論文を書くために調べたときを例にしますと、共生という言葉をタイトルにふくんだ書籍の出版点数は、1980年代には40点だったが、1990年代には実に409点にのぼっています。テーマ別では、環境（その内訳は、自然61、農業と地域18、地球14、住宅と街づくり32、思想30となります）が155点、経済（共生型経営41、国際経済18）が59点、文化間・民族間共生が52点、教育が49点、新しい社会モデルとしての共生社会論が43点、男女間共生が35点、健常者と障害者の共生が23点、科学技術が19点、宗教が12点、世代間1点、安全保障1点となっています。このテーマの広がりと出版点数をみると、ここ日本では現在かかえている社会経済から文明論までの重要な課題のかなりの部分を、共生という視点で考えようとする傾向にあることがわかります。そして政治についても、直接、「共生の政治学」というテーマを論じたものはありませんが、

例えば環境政治学などを考えると、内容的にはそれに近いことが議論されているわけです。

共生概念のもう一つの問題は、共生を、競争・差別・排除・支配・闘争・対立がない状態と考え、「〜から共生へ」というスタイルで論じるケースが多いということです。しかし権力について議論したように、現実の世界ではそうした対立、操作、支配への欲求が消滅することはありません。ですから、逆にこうした容易には克服しがたい現実があるからこそ、共生が日々にアジェンダ（課題）としてあらわれる、という視点に立つ必要があります。

このように考えると、「価値保守主義」の欠陥を克服する道も見えてきます。つまり、共生は伝統的に存在しているものではなく、さまざまなレベルでの契約であるという理念に立つことが大事です。「社会契約」はついに日本社会に根を下ろすことはできませんでしたが、今、「共生のための契約」という21世紀のプロジェクトを設定することは、一つの地平を開示することを意味します。

今、自治体の政策課題をざっと見ても、こうした「共生契約」に関連することは数多くあります。先ず、当然ながら、環境との共生をめざす環境基本条例・計画などを策定することが挙げられます。これを議会での条例策定や市の宣言で終わらせずに、行政・市民を含めた「共生のための契約」と位置付ければ、市民の責任ももっと自覚されたものになるでしょう。また男女共同参画社会の形成にむけた基本条例なども次に浮かびます。これも男女間の契約に他なりません。

さらに、国際間・民族間の共生として、外国人への投票権や、国境を超える自治体間の協力関係など、やはり共生契約に馴染むものです。世代間では、18歳参政権や

●共生契約に向けた政治

20歳被選挙権などにより、青年たちに早い時期に自立を促し、契約主体であることを自覚させることは、現在の日本にとって決定的に大事なことです。同じことは高齢者との間にもいえます。自治体が高齢者との間でどのような共生のための契約を締結できるか、それが安心して生活できる自治体の一つの目安になりますし、逆に、行政も高齢者の活動によって支援されることになります。

　こうして自治体ガヴァナンス、議会・行政・市民の協力関係、多様で多元的な合併をめざす自治体間共生プロジェクト、街づくり・地域づくり・家族への支援など、非常に多くの課題をあげることができます。

5-2 共生契約の事例

　これはおそらく皆さんも聞いたことあると思いますけれども、地域通貨、レッツです。ローカル・エクスチェンジ・トレーディングシステムの頭文字をとっているわけです。別名、地域経済信託制度、エコマネーともいわれています。これは元通産官僚の加藤敏春さんが日本での提唱者で、まだ若い人ですけれども、精力的に著作を発表しています。カナダなど海外の事例の紹介や、まだ理論としては現在展開中のような話ですけれども、しかし実際はインターネットで調べますと、日本でもかなりの自治体が現在これを支援しております。自治体が支援しているということは、おそらく自治体も、こういうところに自分の独自性を発揮しようと考えているとすれば、これは立派な共生契約の実際例になると思います。これは従来の行政サービスを越えて、何というのでしょうか、いわゆる公共空間を市民とともに創造しようとする試みにほかならないのですから。

ここではまだ解決されていない問題があります。おそらくこれからさまざまな紆余曲折が生じると思います。というのは、時間単位で計算することは、医者などの専門職で時間あたりの評価が高い人も、高校生でアルバイトをしても時間賃金が低い人も、同じ一時間のサービスとして評価されるからです。ここでは時間のもつ平等性が貫徹されており、それが時間通貨の理念となっています。しかしこれから発展が見込まれるNPOにしても、福祉法人にしても、専門性の充実を掲げており、この限りでは平等性の原理がこれからも維持されるという保障はありません。理想論にたてばもちろん何の問題もありませんが、現実に生じるこうした難問に答えるためには、次の社会的共通資本という考えが有益だとおもわれます。

5-3 制度化：「社会的共通資本」の考え

　この概念は、著名な経済学者、宇沢弘文さんが提唱しているわけですが、2001年に岩波新書として発刊されている『社会的共通資本』に詳しく展開されていますから、ぜひ、一度読んでいただきたいと思います。ここでは簡単にその意味と意義を紹介しておきます。

　社会的共通資本は、原則として私有もしくは私的管理が認められないような希少資源からなります。その場合3つのカテゴリーに便宜上分類すると、1）大気・森林・河川・水・土壌などの自然環境、2）道路・交通機関・上下水道・電力・ガス・公共住宅などの都市的インフラ（狭い意味で社会資本とよばれるもの）、3）教育・医療・金融制度・地域社会・法意識など制度資本とよばれるものからなり、社会全体にとって共通の資産として、

社会的な基準で管理・運営されることになります。

この理論の根拠をなす、ウェブレンなど制度学派の問題、さらにニュー・ディール政策に果たした役割など、学説史、経済史的なむつかしい問題は省略して、簡単に解説します。

例えば、金融制度なども社会的共通資本ですから、大銀行といえども信用制度を自らの利益追求だけに使うことは本来許されないわけです。バブルにおいてこうした社会的共通資本を私的な利益追求に利用した大銀行は、その後、不良債権処理をめぐり日本の信用制度を長期にわたり不安定にさせ、それは現在も続いています。あるいは学校制度を考えてもいいわけですが、こうした本来、社会的な共通資本であるべき制度がうまく機能しなくなると、社会自体が衰退してくるわけです。

共生契約の制度化とは、市場経済の領域と社会的共通資本の領域を明確に区別することを要求し、1）に関しては持続可能な経済を、2）に関しては産業的なインフラから、生活・福祉関連の社会資本への重点移動をめざすことになります。しかし最も重要なことは、3）の制度資本に関連する、とりわけ生活と労働の接点の部分、個人の自立と将来を設計する主体的な力、家族生活の意味と役割、社会共通のモラルを創出しようとする意欲、こうした社会の基本的な「制度資本」が現在危機に陥っていることだと思います。それは先に述べた、金融制度、信用制度の私企業による濫用などにもみることができるわけです。

そうして今日の講演のテーマとの関連では、自治体議会を社会的共通資本として構想することが重要なポイントになります。

5-4 社会的共通資本としての自治体議会

　自治体議会は、わたしたちは通常は政治制度の中だけで考えてきましたが、しかしこうした社会的共通資本という把握も同じ程度に重要であると思われます。政治制度の中では、主として、知事・市町村長などの行政の執行部に対して、監視機能があるとか、権力を配分しているとか、2元制であるとかいう議論をしてきました。しかし共生契約との関連では、もっと異なる視点も前面に出るはずです。そしてまた、議員の定数削減論などに対しても、有力な反論の基礎を提出できるはずです。

　社会的共通資本としての自治体議会という把握では、それが共通資本として、いかに有効に、しかも目的にかなって使われているか、ということが議論の中心になります。それはおそらく、首長などの行政側の立場、市民からの視点、そして、自治体議員などそれぞれ異なる議論になるかと思います。そして分権化をめぐる問題では、議会・会派の改革がもっとも最後に回されていることがこの間に示されているわけです。もっと率直にいえば、自治体議会は社会的共通資本としての役割を果たしていない、と宣言されているともいえます。

5-5 松下教授の市民自治論にみる自治体議会への「低い評価」

　松下教授は、昔から市民自治の政治の提唱者ですが、まだ分権論など存在しない時代から、自治体の行政がいかに力をつけつけてやっていくかということを、もう30年40年やってきた人です。そのころは自治体職員で、有能な人がまだ少なかった時代に、そういう時代から彼は、自治体に力をつけようということを提唱し、実践してき

●共生契約に向けた政治

た人です。そして現在やっと彼の言ったことが実現できる基盤が出来て、その時代がやってきたということになるわけです。

　他方で、松下教授は、政党とか自治体の会派、政治家にはあまり興味を示さなかったように思われます。もちろん制度として忘れてはいませんが、力点が議会に置かれていなかったと思います。それは彼が60年代に若くして試みた、大衆社会論にたった政治改革も、教条主義的な政党の勢力によって阻まれたという苦い経験もあるのでしょう。また、つい最近まで、自治体の仕事は機関委任事務が大部分で、自ら条例で決めることができない項目が多くを占めたということもあります。政党はもちろん彼の政治理論にありますが、どちらかというと、第2次、第3次的な役割を演じて、ほとんど消えてしまう。しかし現実に自治体を考えますと、政党あるいは会派、議員、これはもう無視できないわけですし、その問題はしかし、ある意味で非常に難しい問題になってきていると思うのです。

　いったいでは、自治体は立法機関であるというふうに規定されて、では条例を作るというときに、政党、特に自治体議会の中の政党とは、どのような役目をはたすのでしょうか。今まであまりそのことは、日本では議論されてこなかったと思います。もちろん選挙で、どの政党が、いくらとったとか、どの会派が議長職や委員長をとったとか、こうした事が注目されるわけです。けれどもひとつの条例をめぐって、国政選挙のようないわゆる政党政治というのはあり得るのでしょうか。分権や自立した条例づくりが可能になると、今まで前面に出てこなかったような問題が当然出てくる可能性はあるわけです。政治学でも政党論は弱いところで、ましてや、地方議会

制度についての言及はあっても、議員を含めた政治活動の場としての自治体議会については、あまり注目されてこなかったと思います。

　前回の松下教授の提起を横で聞いておりますと、条例づくりは何も難しいことではないと強調されています。いちばん先進地域の自治体に行って質問してくればそれで済む問題だ、というわけです。重要なことは、横の連絡のネットワーク作りであり、そうした情報を自前で得ることである、ということになります。

　本当にネットワーク作り、情報自身は現在では非常に重要でありしかも簡単です。もう驚くぐらい簡単になりまして、インターネットで、私がかつてドイツの専門家として、例えばドイツ政府の家族政策をだれかに聞かれたら、ドイツに夏休みにでも行って、ドイツの家族省とか、女性省とかの省庁を訪問し、そのためには日本で手紙書いて予約取って行って、それで何か白書をもらってくるとか、本当に大変なことだったのです。けれども、現在そのようなことするよりもはるかに、インターネットで日本にいた方が、書類や情報が集まるのです。言葉を知っているかどうか、制度を知っているかどうかなど多少ともノウハウも前提になりますが。

5-6　変化する政党、議員の役割・組織

　そうなりますと政党とか議員にしましても、従来のような政党、議員のイメージではおそらくだめだろう、と思うわけです。そうすると当然、政党、自治体議会、議員などすべてが変化しなければならないし、すでに変化しているわけです。政党を超えたつながりなど、しばしば日常化している現象です。これは情報社会であるから

だけではなく、市民の成熟、参加型民主主義の発展など、さまざまなことが関係しています。そうすると、自治体議会が社会的共通資本であることは変わらないとしても、それがどのように活用されるかということは、当然大きな変動をこうむってしかるべきなのであります。

　自治体議員は普通の市民とは違うのだとか、プロの政治家なのだ、とかそういうふうな議論も、先ほどの議員削減の一方で、少数の議員がプロの政策マンに進むというその発展方向もありますので、否定はできません。しかしその場合は多分、自治体議員というよりはむしろ、市の行政の一員みたいな感じになる可能性が強くなってまいります。あるいはまったく反対に、非常にソフトな議員の地位が生まれ、市民と議員がそれほど区別つかないことも想定できます。市民集会のリーダーや世話役のようなものです。そうふうな形態としての議員像、議員イメージです。こういう形では、政党自身も従来のようなはっきりと、共産党と公明党、自民党とか民主党とかそういうのがあって、おそらく国のレベルではもちろん必要ですけれども、自治体レベルとってみれば、現在でもその辺ははたして生産的なのかどうか疑問視されるわけです。

5-7 自治体議会の進化のために

　自民党などの国政政党による政党政治が、19世紀の姿のままで袋小路に陥っていることは、多くの学者や人々の目に明らかになりつつあります。しかしメディア民主主義のためこれを根本的に変えるのは、政治改革や政党再編の過程に示されたように、絶望的とまではいいませんが、非常に困難であることは事実です。しかもオルタ

ナティブを提示できないという問題があります。むしろ退化のプロセスを思わせる昨今です。

　これにたいして、自治体議会の場合、市民参加型の新しい発展、進化が見られます。数多くの進化の可能性があります。地域政党化はその可能性の一つです。ここでは自治体議会の内部のあり方が、再検討を迫られているといったらいいでしょう。

　その場合、最初に述べましたが、自治体議会の会派政治が見直されなければならないと思います。自民党の分解や政党再編の流れのなかで、保守党会派が増えています。会派は、自治体議会の運営にとって非常に重要な役割を果たしていますが、議員が選挙後に設立するわけですから、そうした議員を選出した市民は事後的に知らされるわけです。もっとも伝統ある会派もありますから、選挙前に市民がその存在を熟知している場合もあります。しかしこうした場合でも、政策によってこうした会派が構成されていう場合はむしろ例外であるわけですから、現在のような姿では分権と市民自治の時代にふさわしくないともいえます。そもそも保守系会派の場合、議長選出とか保守系が分裂とかいうケースが多いわけですけれども、そうすると結局は会派の内容というのは、議会のさまざまな人事をめぐる問題とか等々になってしまいます。

　そうすると、こうした会派政治、会派の存在そのものを改革していく必要があります。そこで最後に、自治体議会を改革する戦略を、地域政党論（地域政党）として提起したいと思います。それは同時に、この講演のタイトルであります、「自治体議会議員の新しいアイデンティティ」を求めることでもあります。

6 地域政党化という改革戦略

　松下圭一教授の市民自治の理論では、立法機構としての自治体議会を語ることができても、政党や会派についてはほとんど考慮されていないことは前に述べました。これは理論の問題というより、現実を反映しているといえます。行政側からすれば、議会会派や議員に対する対応をうまくしないと、予算議決や条例制定が進まないということになります。この意味では議会や議員は執行部に対して力をもっており、尊重されています。しかし分権が進み、自治体や議会が自らで条例を制定し、政治を切り開いていくことができる時代には、議会にもっと積極的な役割が期待されています。こうした形式的に力をもっていることと、実質的にはその立法権を（そして行政への監視機能も）不十分にしか行使していないという、二つの間の裂け目はますます拡大してきています。残念ながら日本の政治学も含めましても、行政については皆さん議論しますけれども、なかなか議会については議論しない。ましてや政党については、地方の政党についてはほとんど議論しない。こういう現状があるのです。そこで自治体議会の実態を知ることから話を始めます。

6-1 自治体議会の会派構成－政令指定都市

　ところで驚くべきことですが、全国の自治体の会派構成について、これを統括して把握しているところはありません。会派や構成員がしばしば変更されるという事情があるにしても、これでは困るわけです。結局は、各自

治体の議会事務局に問い合わせるしかないわけです。最近は、インターネットのホームページに、議会のホームページを開設する自治体も増えましたので、少しは改善されました。市レベルで見れば、今やほとんどの自治体がホームページに議会のスペースを作成しています。しかし内容は、(1)行政の一部として議会事務局を掲載する、(2)市議会ページを開設してリンクさせる、(3)市議会事務局が独自のホームページを開設する、などさまざまです。(1)の場合は、議事録の抄録や採択された事項のみが掲載されるケースが多く、(2)、(3)に見られる、議員名や委員会の所属、議員の質問も併せて掲載することは少ないようです。しかし(2)、(3)でも、会派別に議員を紹介するところはまだ多くはありません。

表4　政令指定都市市議会会派別議員数（2002年1月現在）

	自民党	民主党	公明党	共産党	社民党	地域政党	その他の会派
横浜市	32	16	16	10		ネット9	横浜未来5、市民の党2
大阪市	34	民主党・民友20	18	15			市民ク1、無党派1
名古屋市	24	民主ク 25	13	10		1+1+1	市民ク3、
福岡市	19		11	7	4	ネット2	福政会11、民主市民3、新政会3、平成会2、無1
京都市	25	民主党・都みらい13	12	20			京都市民ク2
札幌市	26	12	11	11		2	新政ク3、無2
神戸市	15	14	14	13	新社会5	住民投票3	新政会6、自由1、無1
川崎市	16	民主党・市民15	12	13		ネット3	市民同志3、無1
北九州市	8	市民ク 11	11	10	市民5		自民市民ク11、市民会4、風2
千葉市			7	7		市民ネ7	市民自由15、21世紀7、民主新政6、五月会5
広島市	5+5+1		8	5	5		新政ク12、新自民ク7、ライフ1、連合同志5、フロンティア5、無1
仙台市	市民会8	民主フォ11	8	7	6		みらい仙台16、グロバルネ6、無1

その点で、政令指定都市では議会事務局が充実しており、市議会のホームページも、すべての項目を含んでいます。表4は、各政令都市の議会ホームページから作成しました。一般市に比べるとここでは政党化が進んでおり、国政レベルに近くなります。しかしまた、地域政党などの進出もみられ、政党以外の会派も多くあり、多様化への萌芽も見られます。特に、比較的新しく政令都市になったところでは、こうした多様性が強くみられます。

　ところで、ここでも会派の名前と所属議員が掲載されていますが、その会派の政策や主張は掲載されていません。共産党や公明党は推測ができますが、こうした会派の名前だけでは、それがどのような理念をもち、どのような政策を追求するグループなのかわからないわけです。会派の側もこうしたホームページを承認していることを考えると、自分たちの主張や政策をそれほど重要とは思っていないのかも知れません。情報公開や説明責任が問われる時代に、これは決定的な欠陥といえます。

6-2 市議会会派の分類（1995−97を例に）

　目を一般市の市議会に向けると、ここでは多様な会派政治が行われています。小会派への分裂と、利権系列、議員の議長・委員長ポストと結びついた会派政治の問題があることが推測できます。上で述べたように、整理された資料はありませんので、こうした市議会における会派形成の実態を概観するために、自治体情報誌を編集・発刊している「イマジン出版株式会社」が、各議会事務局に直接問い合わせた調査票をもとにして、1995年4月統一地方選挙以降、1997年9月までの選挙によって結成された会派を市議会別に分類してみました。ここでは全

部で155の市議会について会派調査が行われています。詳しい図表は省略して、結論だけを掲げます。

①無所属が大部分で会派政治もない伝統的な地方議会（地方小都市）
　　　　　　　　　── 18（12％）
②会派政治が一般的で、複数の保守会派がある。大多数の市議会がこの類型。公明、共産以外は政党系列化なし（全国中小都市）
　(a)大保守系会派型　── 22（14％）
　(b)保守系会派3極型 ── 23（15％）
　(c)保守系会派乱立型 ── 26（17％）
③自民党会派あるいは統一保守会派型。大都市、近郊中規模都市あるいは有力衆議院議員の地元などで、政党系列化が進行
　(a)保守系統一会派型 ── 27（17％）
　(b)自民党会派優位型 ── 14（9％）
④都市多政党型（革新政党、中道、市民会派など都市型で、地域政党の発展が期待できる）
　　　　　　　　　── 15（10％）

1999年統一選挙後の傾向を知るために、各グループの市議会を2～3個サンプルとしてホームページで調べてみましたが、会派が掲載されていない市議会も多く、明確な結論はでませんでした。

　ここで重要なことは、こうした会派政治が自治体議会の活性化にどのように役立っているのか、市民自治の時代に、こうした会派はどのように答えようとしているのか、ということです。しかし会派政治にこうした意味での積極性が期待できるでしょうか。例えば会派間の競争を市民はどのように知り、関与できるのでしょうか。競争と情報のないところでは、そもそも活性化が起こるは

ずがありません。

6-3 政党間競争と制度間競争

　まず、これまでの政党間の競争だけではなく、議会や政治家を代替しようとする、新しい市民運動や異なる制度を求める挑戦を考えてみましょう。今までは選挙があって、ほかの政党と競争するとか、何議席とったとか、あるいは自分が当選するとかいう話でなくて、そもそも議会自身に対して、挑戦してくるということなのです。競争といいますのは、政党間競争ではなくて、ほかの自治の制度、市民自治を体言すると主張する運動などに対するそういう競争などが考えられます。例えば、もし福祉NPOが出てきて、NPOの組織がどんどん大きくなっていく。彼らが審議会に招待されて、具体的な発言して提案をする、そうすると議会で議員が質問したり、あるいは政策形成するよりも、市長さんにとっては有益かもしれない。さまざまな諮問機関を作って、NPOや市民の代表を呼んできて、協議して決めていけば、議会は素通りしていくわけです。だからそこでは競争とは、選挙によっての競争はないですけれども、事実上、議会そのものが競争にさらされているわけです。

　これはもうおそらく現にあると思うのです。そこに皆さん無関心で、相変わらず古い思考で、ライバルの政治家や会派間で競争しているのだ、と信じていても、そういう競争は市民には何の意味もないかもしれません。いつかは市民がそれに気が付いて、「じゃあ議会は何もやってないじゃありませんか」となって、議会そのものが信用を失ってしまうことにもなるわけです。

　ではだれが本当に競争相手なのかということを見きわ

めないと、時代は明らかに、かつてのような政党間競争ではなくなってきているわけなのです。自治体を見ますと。ですからここで競争はほかの意味をもちます。政党間で、どの政党や政策を選択するかという、これまでの政党政治レベルの競争と、そういうの残りますけれども、しかし新しい競争－どのような組織形態を持ち、どのような領域で活動するのかという公共空間の創出をめぐる競争も生まれます。そういう公共空間の創出をめぐる競争、当然ながらNPOの方も「私たちの方が公共性を持ってやっています。こちらの方が市民や現場の意見を伝えていますよ」と言って、別の公共空間を提起するわけです。そこでさまざまな公共空間を提起するグループが当初ぶつかって、だからもちろん、憲法、法律上は自治体議会というのは、当然特権的な地位持っておりますけれども、しかし現実問題考えれば、必ずしも安楽な地位ではない、安泰としていられない、そういう時代を迎えています。ここではNPO組織は、潜在的な地域政党として登場してきているわけです。

6-4 政党を代替する市民シンクタンク機構

　今、NPOを強調しましたが、シンクタンク組織や市民の立法機構、地域に設立されるさまざまな学会や研究所、こうした組織も潜在的な地域政党となることができます。

　この自治体議会政策学会も、そうした新しい試みの一つかもしれません。これまでの政党とか政治とか議会とかを越えて、私たちが政治とは思ってもいなかったような形態で、政治が始まる可能性も十分あります。

　さらにいえば、株式会社形態の地域政党の誕生もある

かもしれません。これは若干皮肉をこめて書いておきました。建設業界が議員を丸がかえしている場合もあるわけですから。しかし民営化の時代ですから、別にある政党が株式会社で、党員大会の代わりに、株主総会やりますといった方がいいかもしれない。そういうことも考えられます。

6-5 21世紀型の組織論の意義

　要するに、21世紀には、とくに分権化が進行する自治体では、これまでとはまったく異なる組織論にたつ政治活動や市民自治の動きが台頭する可能性があるわけです。これまで政党はNPOなどとはまったく別の次元の組織として議論されてきました。これからは果たしてそういうことでいいのだろうか。圧倒的に市民社会の組織がふえてくる時代には当然ながら政党自身も影響を受けて変わってくるのじゃないだろうか。こういう問題意識から、私はかって、「民主主義の行方　―　ローカル・パーテイの可能牲」という論文（NIRA政策研究『次の時代を担う日本の新しい組織とグループ』1998年に所収）を書きました。以下のことは、この論文で書いたことをもとにしています。

　この論文はNIRA研究プロジェクト「次の時代を担う新しい組織とグループ」における研究結果として書いたものですが、まずこの研究プロジェクトの生まれた背景から説明させていただきます。もともとこの出発点はドイツ社会民主党系シンクタンクであるエーベルト財団が1996年6月1に、冷戦後のイタリア、ドイツ、日本における政党の新しい転換、変容といったテーマで国際シンポジウムを開いたことから始まります。シンポジウムに

は、日本側から東大教授で国際政治を専門とする高橋進さん、「次の時代を担う新しい組織とグループ」の主査であり、細川政権の政務首相秘書官であった成田憲彦教授、そして私がパネリストとして参加しました。96年6月ですからちょうど民主党ができる直前でして、その中で「社会党から民主党へ」という流れが出ていました。社会党は93年時点では「社民リベラル」を唱え、94〜95年ごろには「民主リベラル」と言っていました。96年段階ではもはや社会党自身が当事者能力をなくして、鳩山由起夫さんが登場し「保守リベラル」ということを言っていました。

　その過程で私は日本においては、そもそも政党がはたして政界再編を通して自己改革をし、新しいシステムとして登場し得るのだろうかと非常に懐疑的な考えになっておりました。そうであればもはや新しい政党再編とか政界再編というレベルでは議論できずに、まったく違う地域政党という、そういう視点からとらえ直したほうがいいのじゃないかという問題意識を抱くようになりました。そこであえて言えば政策論よりも組織論レベルで新しい議論をしてみようじゃないかというのが一つの発端だったわけです。

　こういう話をシンポジウムでしたところ、たまたまNIRAの星野進保理事長がシンポジウムに参加しておられまして、NPOやベンチャー企業の台頭をふくめて日本の組織そのものを改革、変革してゆく新しい組織論、そしてその担い手は誰かという問題意識で研究をやってみようという話になって、このプロジェクトができたわけです。ですから、私の提起も一つのインパクトになっているというふうに成田さんに研究会の出発時に聞きました。その意味で決して私だけの考えではなくて、日本

では今、組織論から考え直さないとだめなのだ、というのがかなり広い共通認識になっているのではないかと思うわけです。

6-6 地域政党を実現すると－二重党籍問題

そのときに二重党籍問題が難題としてありました。例えば、民主党に完全には一体化せず、無所属グループあるいは地域政党でやっていくという選択をするときに、党籍をどうするかという問題が生じます。これまでのような政党ではなくて、ネットワーク型政党を目指すというのだったら、当然二重、三重の党籍を持つ人も出てくるのではないか。現実にそういう人はいっぱいいます。政党を渡り歩くのは代議士を見るとわかるが、たくさんの人がそういう体験をしています。

法律的に言うと政治家がナショナル政党の二重党籍をもつことは不可能です。たとえば社民党と自民党とに同時に属することはできません。しかし自民党の党員であって、各地域で自分たちで登録した実際の政治団体に所属していても、二重党籍とは形式上いいません。ただ本当に二重に、ある小さい地域で自主的な政党グループをつくっていて、それが自民党にも入っています、民主党にも入っていますというときに、実際上二重党籍になります。この意味での二重党籍は、むしろ望ましいのではないだろうか、というのが私の見解でした。

6-7 政党概念の変容

この場合、もはや政党概念がこれまでのものとは異なっていなければなりません。こうした意味で新しい提起

として、もちろんそれ以外にも直接民主主義という方法もありますが、ここでは地域政党といういわば段階的な、過渡的な解決方法はないだろうかと思ってみたわけです。しかし、そのことによって、逆に政党観ももはや従来のような政党におさまらない。よく言われますけれども、ネットワーク型政党という言葉と政党の概念自身が非常に矛盾するところがあるわけです。政党はパーティ、部分だけれども、自分が全体を代表していますと主張するわけです。しかしネットワークというとさまざまな形で開放系ですから、自分たちが全体を代表しているなんてとても言えないわけで、さまざまに広がっていくわけです。そういったものを政党という形で投票するのはもともと無理があるわけですけれども、その無理をあえて実行しようと思えば、政党概念自身が大きく変容してきます。こういう時代に来ていることを認知しないとどうしようもないのではないでしょうか。

6-8 地域政党の類型

　第1に、地域政党を推進する神奈川ネットワーク運動と、代理人運動を進める東京・生活者ネットワークという社会運動型が挙げられます。両者とも生活クラブ生協を母体とする女性を中心とする組織でありますが、現在では独自の市民参加型の政治活動や市民立法を展開しています。その財源は、議員歳費や調査費をプールしたものです。1999年統一地方選挙の後では、神奈川ネットは県議4人をふくむ39人の議員、東京・生活者ネットは、都議3名をふくむ57名の議員を擁しています。埼玉・市民ネットワーク（6名）、市民ネットワーク千葉県（16名）、福岡ネットワーク（7名）、市民ネットワーク北海

道（5名）など、全国的にも運動を展開していますがそれぞれは自立した組織です。

　第2に、市民運動出身の議員の全国ネットワーク組織として、「虹と緑・500人リスト運動」があります。これはこれまで「ローパス」（地域政党研究）という名で、自治体議員の政策研究を進めてきたグループが、1999年統一地方選挙にむけ発展したものです。内部は、地域市民新党をめざすグループや、個々の自治体議員の全国的なネットワークであると理解する会員など多様ですが、99年統一地方選挙で、九州・四国・関西などブロックごとに500人リスト作成をめざすことにより、大きく飛躍しました。この時期に、全国で226名の候補を擁立し、133名を当選させています。民主党・社民党などとの重複はありますが、非改選の議員を加えると、184名（99年6月段階）となります。組織としては、地方議員政策情報センターが設立されています。

　第3に、社民連、日本新党、さきがけなどの新党運動、社会党の新党設立の失敗などに由来する、新党運動の地域自立型があります。とくに旧社会党や民主党が、ネットワーク型組織論を一時期唱えただけに、この潜在的な力は大きいといえます。離党した社会党東京都本部のメンバーを軸に、1995年に結成されたローカル・パーティ〈東京市民21〉や、1999年統一地方選挙を契機に結成された、「市民連合・かわさき」などが代表的です。前者は11人の区議・市議を当選させ、後者は7人の区議を当選させています。〈東京市民21〉は、現在では議会活動から政策学会活動に重点を移しています。川崎市の地域政党をめざす「市民連合・かわさき」は、民主党と共同会派を組んでいますが、地方自治の先進都市であるだけに全国の旧社会党系や民主党の自治体議員への影響は大

きいといえます。

　第4に、代表例はないけれども、各自治体議会に存在する多様な会派のうち、すでに萌芽的に地域政党的な性格をもったものが存在します。多くは、保守系の地域政党になるでしょうが、この部分から本章で述べたような地域政党が誕生するためには大きな飛躍が必要とされます。例えば、アメリカ民主党のように各地に自立した民主党があり、全国レベルの民主党はその委員会に過ぎないというような、国民政党の分権的支部組織型などもこれから考えられます。それからまだまったく存在しませんが、脱政党・自治体首長主導型ということで、宮城の浅野知事とか、自治体改革をすすめる三重県の北川知事とか、外国人採用の橋本高知県知事、最近では、田中知事や堂本知事もこうした提起ができるかもしれません。石原新党はもし結成されるなら国政をめざすようですから、ここでは対象ではありません。

6-9 地域政党の理念

　日本の場合に政党だけではなくて、企業も含めてすべての組織が今問われていることに、組織変革という課題があります。とりわけ政党は、ネットワーク型組織と両立するかどうか問題となります。原則からいえば両立しないわけです。しかし今人々が求めているのはネットワーク型組織です。そうするとどうしても政党という定義を変えてしまおうという話になってくると思います。しかし、それはナショナル政党では無理ですので、ナショナル政党以外のところが民主主義を代表する政党という意味の機能を担っていく。こういう中でNPOの発展をめぐる辻中豊さん（筑波大教授）の議論に限りなく近

づいていく話になってきます。すると地域政党は、具体的に存在している組織や運動を例にして類型を示しましたが、そうした形態になる必然性もありません。それは今までの発展の例ですから、これからもまったく違ったものが登場する可能性がありますし、そのほうが望ましいわけです。しかしその場合でも、共通するであろう理念や原則を述べておきます。

(1) 地域政党原則

これは集権的国政政党へのオルタナティブという意味です。ナショナル・パーティから離れるという意味では脱政党です。つまり政治改革とか地方分権というときに行政レベルだけで分権を言うのは不十分です。政党自身が分権化を要求しなさいということが一つの大きな要求に入ってくるわけです。もちろん行政レベルの分権は大きな前提条件になりますけれども、しかし大事なことは、政党構造自身が分権していくことが非常に大きなカギになります。

(2) 地域市民政府と地域自立

中央／地方という意味でのローカルではないということです。この意味でローカルという言葉を使うのはかえって誤解を生みやすいので、ローカルとは使わないほうがいいかもしれません。行政改革、地方分権ということではなくて、あるいは中央／地方行政の官・公関係の再編でもなくて、その地域の政治的・経済的・文化的自立を目標としております。一つのイメージとしてヨーロッパのスウェーデンとかオーストリアなどは人口800万ぐらいで、日本の北海道ぐらいのレベルですが、自立した文化圏をつくっている。そういうイメージを考えてもらえばいいかと思います。

(3) 伝統的な国民性や地域牲、あるいは伝統にとらわれ

ない固有の地域づくり

　これがあれば当然ながら、ローカル色の強い政党が出てきてもいいのですが、日本で今自然にあるのは沖縄の社会大衆党だけです。ほかのところはそうした意味で地域性は喪失しています。そうしますと市民＝生活者としていわば新しく普遍的な立場から、その地域に独特のものをつくっていくという運動になってきます。

(4)　ネットワーク型組織原則

(5)　共生契約型民主主義

　いろいろ悩みまして、従来のような民主主義でもなくて、ステイクホルダーとか、今さまざまな民主主義論が議論されています。それぞれが活動しながら、かといって自分だけでは完結し得ない。議会制度も議会や議員だけでは完結しないような民主主義のあり方。ネットワーク型を言うのだったらこういったものをどうしてもイメージせざるを得ないわけです。NPOの議論でも、市民社会が成熟してきて、量的にも形からも多様な組織があります。そういうときにその民主主義というのは一体何だろうか、どういうふうに定義したらいいのでしょうか。単に参加型では不十分ですし、アクティブデモクラシーでもそうです。そこで前に説明した共生契約という用語を使い、このようにとりあえず呼んでおきます。

(6)　地域にいて地域を越える普遍性

　ローカルであってグローバルでもあるとは、さまざまな表現でよくいわれることです。日本が地域によって再構成されることになります。つまり地域が自立し、しかも国を越えるとき、日本という国のイメージ自身が当然違ったものになってくるわけです。なにも連邦政府とか連邦国家とかいうことではありませんが、当然ながらそこまでの展望も出てきます。これは今日のテーマとは別

の問題になりますので、今日は触れません。

6-10 地域政党と女性議員の役割

　こうした地域政党をみると、女性議員の比重が高いことが注目に値します。東京生活者ネットワークや神奈川ネットワーク運動は、生活クラブ生協を母体とする女性組織ですから、女性議員が多いのはあたりまえともいえます。しかし「虹と緑のリスト」でも、市民派女性議員が活躍しています。私の「東京市民21」の体験からも、自治体議員には女性が向いている気がします。男女の都議・区議・市議、それに市民有志が構成メンバーであったのですが、都議会や区議会の運営の話を聞きますと、男性議員は会派や議会内のポストをめぐる争いに巻きこまれたり、あるいは業者からの支援の申し出があったりして、旧来型の政治に陥る可能性が高いわけです。それに対して、女性はこうした権力や利権構造から排除されてきた分だけ、政策を軸にした活動ができるわけです。他の地域の県議会や市議会でも同じようなことが見られるとおもいます。

　東京生活者ネットや神奈川ネットの女性議員の活動を見ても、自治体議員の中途半端な報酬制度や調査費支給が、むしろ有利に働いているといえます。一人働きで家計を支えるプロの政治家モデルでは、個人の後援組織も必要でしょうし、議員歳費だけでは不足し、よほど志が高くないと他の収入も求めることになるでしょう。それに対して、主婦・パート労働者、地域の社会活動などを経て議員となった女性の場合は、ほとんどが二人稼ぎ手のモデルでしょうし（あるいは単身生活者、母子家庭であっても子供が独立しているなど）、女性組織のネット

ワークを使うことができます。

　女性が男性のようなネットワークを資源として使えない（同窓会、企業組織、地縁組織など）ことが、これまで女性の政治進出を阻害する要因として挙げられてきましたが、女性が少しでもこうした自前の資源をつくり始めると、状況は逆転して女性に有利になります。地域政党は、このように女性の新しい資源になるのです。女性の政治進出が先進国では最低に位置している日本ですが、今、こうした転換点を迎えていると思います。これを一人の女性議員の事例と、1999年統一地方選挙の新しい傾向から考えてみます。

6-11 G女性市議の例

　ここでは私の知っている事例として、首都圏の小規模都市の市議を2期やっているGさんについて書いてみます。

　私が彼女と最初に面識を得たのは、8年ほどまえのある県の女性審議会でした。ここでGさんは公募で市民の審議会委員として選出されてきていました。審議会は学識者や行政が中心ですので、彼女の発言する機会はあまりありませんでした。その次に会うことになったのは、県議会議員の補欠選挙でした。地域組織の役員の経験があるとはいえ、主婦であるGさんが、突然、県議の補欠選挙に立候補するということで、女性の政治進出を応援している私も選挙活動を支援するように依頼されました。県議選から出発するのはかなり無理であることはわかっていましたが、応援はしました。この補欠選挙では、次点でもなく、当選者に比してかなり少ない得票でしたが、それなりの票を獲得しました。

しばらく連絡は途絶えておりましたが、その後の統一地方選の市議選で、無事、市議に選出されたことを知りました。そして再選され、現在は2期目をおくっているわけです。その間に、市川房江財団のさまざまな講座に参加し、福祉問題などでヨーロッパの研修旅行を行ったそうで、2期目にしてかなり政策通になり、議員としての自覚と自信もうかがわれました。このように、男女共同参画社会のテーマから出発し、女性のネットワークを使って個人でも政治に参加できる時代になりました。

このような女性議員の話は、地域政党「東京市民21」の経験からいっても珍しくありません。区議や市議の女性は、短期間で政策を勉強するために熱心に講座に参加し、また自己投資として自前で海外研修や議員の交流会などにも参加します。そして短期間で市民政治家としてのキャリアを積んでいきます。

6-12 1999年統一地方選における女性の進出

この関連では、1999年の統一地方選挙が注目に値します。表5-1では、都道府県議会議員選挙における女性の候補者・当選者数を掲げています。また表5-2では、市区議会議員の女性の候補者・当選者数を扱っています。

一見してわかるように、都道府県議会議員では、前回の1995年に比べて、候補者数では177人（4.8％）から323人（8％）に、当選者では73人（2.8％）から136人（5.1％）に倍増近くなっています。また市区議会議員では、候補者数は1,239人（8.5％）から1,702人に、当選者数は1,043人（8.2％）から1,378人になっています。都道府県議会議員ほど急激ではありませんが、着実に割合をふやし平均して10％の大台を突破しています。ちな

みに、当選者の割合は、政令指定都市の市議では15.0％、一般市議では10.2％、東京特別区では20.2％になっています。

　この女性議員の増加は、かなりの部分で共産党、公明党、そして東京や神奈川のネットワーク運動に負っています。しかし先進国の例で考えても、女性議員の増加はかなりの間、微増に留まりますが、一度、明らかに増加の趨勢を獲得すると、その後は飛躍的に伸び、30％、40％台に到達します。そのレベルになるには、女性の積極的な支援政策が必要ですが（割り当て制のような）、それなしでも20％のレベルに達することは困難ではないと思います。日本でも明らかに転機が訪れています。

表5-1　統一地方選挙、都道府県議会議員選挙における女性の候補者・当選者

	女性候補者数	女性の比率％	女性当選者数	女性の比率％
1947	111	1.6	22	0.9
1951	99	1.6	34	1.3
1955	80	1.4	29	1.1
1959	85	1.7	36	1.4
1963	79	1.7	39	1.5
1967	52	1.2	30	1.2
1971	67	1.6	21	0.8
1975	126	2.7	29	1.1
1979	65	1.7	28	1.1
1983	212	4.7	30	1.1
1987	180	4.4	52	1.9
1991	171	4.5	64	2.4
1995	177	4.8	73	2.8
1999	323	8	136	5.1

表5-2　統一地方選挙、市区議会議員選挙における女性候補の候補者・当選者数

	女性候補者数	女性の比率%	女性当選者数	女性の比率
1947	383	1.9	94	1.2
1951	466	2.2	152	1.7
1955	412	2.1	166	1.7
1959	358	2	210	1.8
1963	363	2	207	1.6
1967	368	2.1	240	1.8
1971	393	2.3	296	2.2
1975	505	2.8	381	2.7
1979	463	2.8	386	2.7
1983	604	3.8	488	3.5
1987	777	5.1	637	4.8
1991	1,064	7.1	839	6.4
1995	1,239	8.5	1,043	8.2
1999	1,702	＊	1,378	＊＊

資料出所：自治省調べ、および市川房江記念会『女性参政資料集』(1997) より作成
市区議会には政令指定都市市議会、および特別区議をふくむ
＊政令市議15.6%、一般市議10.4%、特別区議18.5%
＊＊政令市議15.0%、一般市議10.2%、特別区議20.2%

　共産党、公明党は女性議員の数が増えてきていますが、ほかの市民組織に比べて、まだ男性による旧来型の集権的な政治の支配が強く残っています。ここでは女性が党内や、地域で、真のパワーを獲得することができれば、事態は大きく変わるでしょう。そのとき共産党や公明党も多様な地域政党になる時代を迎えるでしょう。

6-13 自治体議員の新しいアイデンティティのために

　今まで、自治体議会は社会的共通資本であり、それを活性化することにより公共空間を創造することができるし、それこそが自治体議員の役割であると論じて来ました。議会の存在も議員という身分も、それだけでは何も生み出しません。市民自治の時代には、せいぜい他の競合組織に脇に追いやられ、お荷物になるだけです。地域政党はそうした活性化のために有力な手段であり、それ自体、旧来の政党と会派政治で停滞した議会を変革する要因となります。現在は女性がその主たる推進者になっていますが、女性の政治進出が自己目的になるわけではありません。女性議員が今の自治体議会を利用するだけではなく、それを市民自治の立場から創りかえ、豊富化し、持続可能な政治を実行できるように、習得していかなければなりません。こうして、アマチュア議員でもプロの政治家でもなく、公共領域の創出者としての新しいアイデンティティを獲得することができるなら、自治体議会もその名に値するものに進化していくでしょう。

　このように、自治体議会や議員が次の新しい段階を迎え、岐路に立っていることは明らかです。旧来の政治や議員のタイプから決別して、一歩まえに踏み出すことが大事です。私の講義がそのためのヒントになり、後押しになるのなら、それは私にとって大きな喜びです。それでは、長時間ありがとうございました。

●著者紹介

住沢博紀（すみざわひろき）
1948年三重県生まれ。
京都大学法学部卒業の後、フランクフルト大学で博士号取得。
現在、日本女子大学家政学部教授、2000年度フランクフルト社会研究所客員研究員。
専攻は、政治学、社会哲学。
1995年〜1999年ローカル・パーティー〈東京市民21〉代表委員。
自治体議会政策学会事務局長。

●主な著書
『市民自立の政治戦略』（共著、朝日新聞社）
『21世紀の仕事とくらし』（編著、第一書林）
『2025年日本の構想』（共著、岩波書店）など

●著者紹介

コパ・ブックス発刊にあたって

　いま、どれだけの日本人が良識をもっているのであろうか。日本の国の運営に責任のある政治家の世界をみると、新聞などでは、しばしば良識のかけらもないような政治家の行動が報道されている。こうした政治家が選挙で確実に落選するというのであれば、まだしも救いはある。しかし、むしろ、このような政治家こそ選挙に強いというのが現実のようである。要するに、有権者である国民も良識をもっているとは言い難い。

　行政の世界をみても、真面目に仕事に従事している行政マンが多いとしても、そのほとんどはマニュアル通りに仕事をしているだけなのではないかと感じられる。何のために仕事をしているのか、誰のためなのか、その仕事が税金をつかってする必要があるのか、もっと別の方法で合理的にできないのか、等々を考え、仕事の仕方を改良しながら仕事をしている行政マンはほとんどいないのではなかろうか。これでは、とても良識をもっているとはいえまい。

　行政の顧客である国民も、何か困った事態が発生すると、行政にその責任を押しつけ解決を迫る傾向が強い。たとえば、洪水多発地域だと分かっている場所に家を建てても、現実に水がつけば、行政の怠慢ということで救済を訴えるのが普通である。これで、良識があるといえるのであろうか。

　この結果、行政は国民の生活全般に干渉しなければならなくなり、そのために法外な借財を抱えるようになっているが、国民は、国や地方自治体がどれだけ借財を重ねても全くといってよいほど無頓着である。政治家や行政マンもこうした国民に注意を喚起するという行動はほとんどしていない。これでは、日本の将来はないというべきである。

　日本が健全な国に立ち返るためには、政治家や行政マンが、さらには、国民が良識ある行動をしなければならない。良識ある行動、すなわち、優れた見識のもとに健全な判断をしていくことが必要である。良識を身につけるためには、状況に応じて理性ある討論をし、お互いに理性で納得していくことが基本となろう。

　自治体議会政策学会はこのような認識のもとに、理性ある討論の素材を提供しようと考え、今回、コパ・ブックスのシリーズを刊行することにした。コパ（COPA）とは自治体議会政策学会の英語表記Councilors' Organization for Policy Argumentの略称である。

　良識を涵養するにあたって、このコパ・ブックスを役立ててもらえれば幸いである。

自治体議会政策学会　会長　竹下　譲

COPABOOKS
自治体議会政策学会叢書
自治体議員の新しいアイデンティティ
―持続可能な政治と社会的共通資本としての自治体議会―

発行日	2002年4月15日
著　者	住沢　博紀（日本女子大学教授）
監　修	自治体議会政策学会Ⓒ
発行人	片岡　幸三
印刷所	今井印刷株式会社
発行所	イマジン出版株式会社

〒112-0013　東京都文京区音羽1-5-8
電話 03(3942)2520　Fax 03(3942)2623
http//www.imagine-j.co.jp

ISBN4-87299-291-1　C2031　￥900E

乱丁・落丁の場合は小社にてお取替えいたします。

[自治体議会政策学会叢書]

COPA BOOKS コパ・ブックス

●最新の情報がわかりやすいブックレットで手に入ります●

分権時代の政策づくりと行政責任

佐々木信夫（中央大学教授）著

■分権時代の国と地方の役割、住民の役割を説き、「政策自治体」の確立を解説。
■地域の政治機能・事務事業の執行機能に加え、今問われる政策立案と事業機能を説明。　□A5判／80頁　定価（本体価格900円＋税）

ローカル・ガバナンスと政策手法

日高昭夫（山梨学院大学教授）著

■政策手法を規制・経済・情報の３つの類型で説明。
■社会システムをコントロールする手段としての政策体系がわかりやすく理解できる。　□A5判／80頁　定価（本体価格900円＋税）

自治体議員の新しいアイディンティティ

持続可能な政治と
社会共通資本としての自治体議会

住沢博紀（日本女子大学教授）著

■政治や議会が無用なのか。政党と自治体議会の関係はどのようにあるべきかを説く。新たな視点で自治体議員の議会活動にエールを送る。
　　　　　□A5判／80頁　定価（本体価格900円＋税）

自治体の立法府としての議会

後藤仁（神奈川大学教授）著

■住民自治の要として、自治体の地域政策の展開が果たす役割は大きい。立法府としての議会はどのように機能を発揮すべきか。議会改革のポイントを説く。□A5判／80頁　定価（本体価格900円＋税）

●お申し込み●

イマジン情報センター　〒102-0013東京都千代田区麹町2-3-9-501
TEL.03(3221)9455／FAX.03(3288)1019

イマジン出版　〒112-0013東京都文京区音羽1-5-8
TEL.03(3942)2520／FAX.03(3942)2623

イマジンホームページ http://www.imagine-j.co.jp/